新世紀叢書

當代重要思潮・人文心靈・宗教・社會文化關懷

最後一片天空消失之後的巴勒斯坦
最後一片天空之後鳥兒能往哪飛？
最後一線邊界之後我們能往哪去？
薩依德的流亡者之書
After the Last Sky
Palestinian Lives

著作◎Edward W. Said　　內頁攝影◎Jean Mohr

譯者◎梁永安

最後一片天空之後鳥兒能往哪飛？
最後一線邊界之後我們能往哪去？

戴爾維什（Mahmoud Darwish）

巴勒斯坦人1946~2006年失去的土地

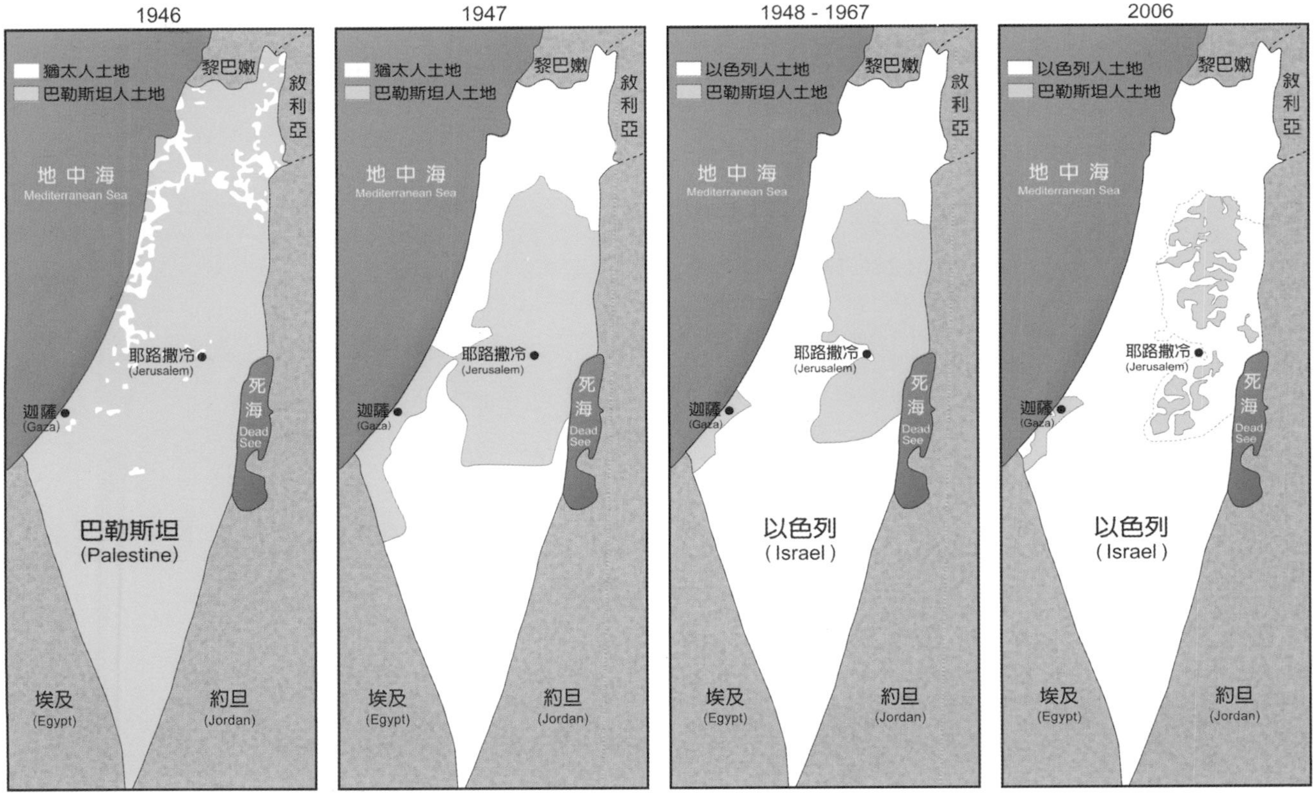

圖片來源：立緒文化編輯部根據巴勒斯坦團結運動（Palestine Solidarity Campaign）之資料編製

薩依德的流亡者之書

【目錄】本書總頁數共296頁

中文版導讀：本書背景說明之①

被出賣的巴勒斯坦人

林長寬／政治大學阿文系／宗教所

一九八〇年初大學畢業後，由於中華民國與一些阿拉伯國家無正式邦交，拿不到入學許可，只好選擇到約旦留學，並進入安曼市的師範學院與約旦大學深造。就在那裡首次認識了巴勒斯坦的難民學生，也見識了他們所居住的難民營，其惡劣環境並非一般人可忍受。難民營深刻的印象激發我對巴勒斯坦人歷史的探知，閒暇並隨著巴勒斯坦裔的流亡同學閱讀他們的難民文學作品如嘎善・卡納法尼（Ghassan al-Kanafani）、瑪哈穆德・戴爾維什（Mahmud Darwish）、法德娃・圖洤（Fadwa Tuqan）等人的著作。幾年後，再到北美、歐洲繼續深造，也認識了更多的巴勒斯坦人，後來更成為巴勒斯坦裔教授（穆斯林與基督教徒）的學生，研讀阿拉伯伊斯蘭文化並撰寫中東歷史的學位論文。因為求學的因緣際會才得以結交巴勒斯坦朋友，認清了巴勒斯坦問題，也曾經協助巴勒斯坦人到台灣求學、定居。無心的協助使得台灣似乎也被納入巴勒斯坦人遍佈世界各地離散區域的一部分。早在約旦留學時即已閱讀了薩依德（Ed. Said）成名之作 *Orientalism*（中文譯為《東方主義》或《東方學》），彼時，並無多大的感觸。學成歸國，在研究、講授有關現代中東、伊斯蘭課程後，重新閱讀薩依德的一些著作，才更深刻體會巴勒斯坦人的苦難，以及西方霸權的傲慢、欺凌被殖民者。

從西元六世紀到二十世紀初巴勒斯坦地區的多元文化

二次大戰以來的以巴衝突造成大量的巴勒斯坦阿拉伯人流離失所。此問題的癥結在於「誰是巴勒斯坦這塊土地的主人」，而其答案可從歷史過程中去推斷得知。「巴勒斯坦」（Filastin, Palaestina）此名稱最早出現於希臘史家希羅多德（Herodotus）的著作。在羅馬帝國統治下，巴勒斯坦為其轄地下地中海東岸（Levant）及其南部三省之一。伊斯蘭興起之後，隨著阿拉伯穆斯林政治勢力對外的擴張，羅馬人的撤離 Levant 地區，阿拉伯人接收了之前拜占庭羅馬帝國的領土，巴勒斯坦遂成為阿拉伯伊斯蘭國家（Dar al-Islam）的一部分，此為西元六三四年之事件。**（全文見第272頁）**

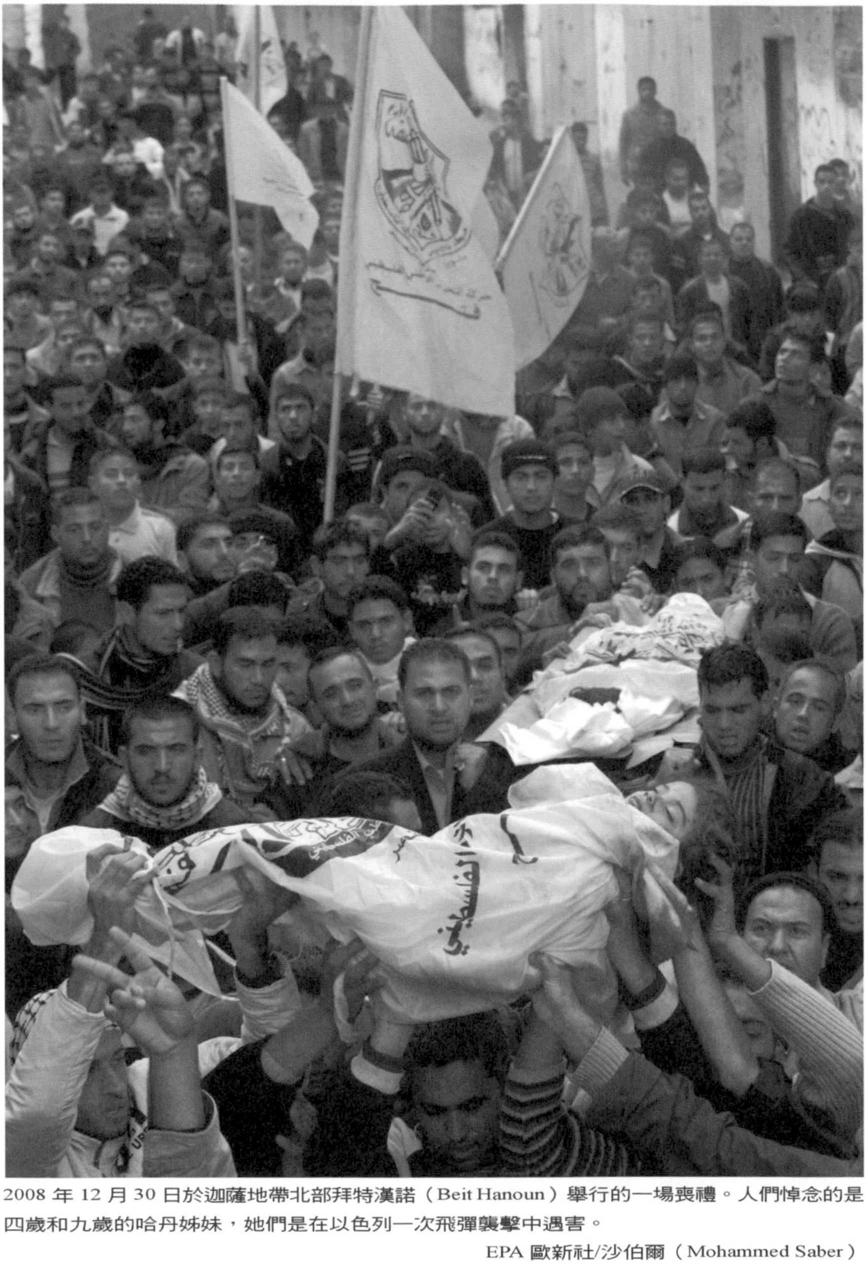

2008 年 12 月 30 日於迦薩地帶北部拜特漢諾（Beit Hanoun）舉行的一場喪禮。人們悼念的是四歲和九歲的哈丹姊妹，她們是在以色列一次飛彈襲擊中遇害。

EPA 歐新社/沙伯爾（Mohammed Saber）

中文版導讀：本書背景說明之②

周世瑀／英國雪菲爾大學（Sheffield University）博士候選人

美帝與以色列恐怖主義對巴勒斯坦人的暴行

台灣政治學界及商業媒體常將中東問題簡化為「蠻橫」的阿拉伯國家屢次挑釁「忍辱求全」的以色列。此一論述和以色列的真實面貌大相逕庭。聯合國於一九四七年建議將百分之五十六的巴勒斯坦劃歸猶太人，百分之四十四的巴勒斯坦領土劃歸阿拉伯人。以色列學者帕斐（Ilan Pappe）於《種族淨化巴勒斯坦》（*the Ethnic Cleansing of Palestine*）一書指出，錫安主義者（Zionists）為兼併領土，於一九四八年立國之時，屠殺以色列境內的巴勒斯坦人。此難即阿拉伯語之浩劫（Nakba）。以色列經此一役強奪接近八成的巴勒斯坦領土。倖存的七十五萬巴勒斯坦人遂成難民，流離轉徙於中東各國。聯合國大會（General Assembly）於同年之一九四號決議案要求以色列承認巴勒斯坦難民及其後裔返回家園定居（the right of return）的權利。此外，以巴勒斯坦人負擔賠償責任。以色列對聯合國決議案全然置若罔聞。

從種族淨化到種族隔離

以色列為斷絕巴勒斯坦人建國之念，於一九六七年六日戰爭（the Six-Day War）兼併殘存二成的巴勒斯坦領土，即約旦河西岸、耶路撒冷東城、加薩。同年聯合國安理會五個常任理事國，包含中華民國暨十個非常任理事國以十五票一致贊成通過二四二號決議。安理會重申聯合國憲章禁止戰爭奪取領土原則、爭端和平解決原則，責成以色列承認巴勒斯坦民族自決權利。提案同時要求以色列歸還於六日戰爭劫掠所獲地區含敘利亞的戈蘭高地（the Golan Heights），並徹離非法占據的巴勒斯坦領土。

以色列不但違返聯合國決議案，更於占領區廣設猶太人殖民地。一九八二年以色列入侵黎巴嫩後放任以色列傭兵，即黎巴嫩長槍黨（Christian Phalange），包圍以色列軍方管轄之巴勒斯坦難民營，並射殺三千多名手無寸鐵的巴勒斯坦平民，此即薩布拉與夏提拉大屠殺（the Sabra and Shatila Massacre）。巴勒斯坦人椎心蝕骨。嗣後始以自殺炸彈報復。**（全文見第285頁）**

最後一片天空之後

一九九九年版序言／愛德華・薩依德（E.W.S）

《最後一片天空之後》是一部流寓者之書，寫於一九八〇年代中葉，是我站在巴勒斯坦地區遠距離外，主觀詮解巴勒斯坦人面貌的一個嘗試。我是一九四七年十二月隨父母永遠遷出耶路撒冷，當時我十二歲，還是個多少受到大人保護的懵懂小孩。到一九四八年仲春，我的整個家族連同其他近一百萬巴勒斯坦人被趕出巴勒斯坦。這場不折不扣的「浩劫」（nakba）揭開了我們社會毀滅和民族流散的序幕，其發生的時間跟以色列的立國完全一致。

然後，在一九九二年，也就是我離開巴勒斯坦的四十五年後和本書初版於英國的六年後，我第一次回到巴勒斯坦／以色列，隨行的還有太太和兩個兒子。對我而言，這趟旅程意義重大，讓我可以帶家人去看我出生的地方和成長的房子，去看我念過書的學校（我爸念過同一所中學），去看我叔伯、姑母、伯母、堂兄弟、祖父母住過的小鎮和村莊。在今日以色列的國境內四處旅行時，我再一次驚覺，哪怕我還認得那些房子、教室、沙灘和花園，卻已連一個故舊都不剩下。當然，很多我年輕時候認識的人都已作古。

我滿懷惆悵，但沒有灰心絕望。因為，就在本書初版的一年後，被以色列於一九六七年佔領的約旦河西岸和迦薩地帶爆發了抗暴運動（intifada）。參與者主要是些年輕人（投擲石塊的男孩女孩、學生和年輕夫妻等），他們的勇氣和深具象徵意義的行動動搖了以色列和震驚了整個世界。所以，以色列雖然百般抹殺我們作為一個民族的身分，但我們繼續以民族的身分存在和反抗。當我和家人在以色列本土和佔領區旅行的時候，這方面的跡象隨處可見。例如，我們走訪了比爾澤特大學（Bir Zeit University），它在四〇年代原是一家中學（由我父母的一些密友與遠親管理），但如今佔地廣闊，建築物布滿離拉馬拉（Ramallah）十公里外的一座山丘，規模絕對夠得上一所國立大學。這大學和其他機構組織的存在讓我寬慰，反映出民眾的需要受到照顧，也反映出巴勒斯坦社會的活力仍然旺盛和有韌性，並不像我在遠距離外擔心的那樣糟糕。

另一方面，我又意識到自己此生始終只會是一個流寓者，不可能重回故土，落葉歸根。我會遲遲才回到巴勒斯坦，早先是因為不情願（你也可以稱是「膽怯於」）回到一個已經被迫改頭換面的地方，後來則是因為根本無法取得入境許可：以色列政府因為我加入了「巴勒斯坦國民議會」而把我列入黑名單（這個相當於巴勒斯坦人流亡議會的團體被以色列視為「恐怖組織」）。一九九一年，我被診斷出得了白血病，而我也因為不滿巴解組織在波斯灣戰爭的立場，與之分道揚鑣。在我看來，阿拉法特在海珊（Saddam Hussein）侵略和併吞科威特之時採取支持態度，乃是愚蠢和犯罪行為，也是最大的戰略錯誤。戰後，他困處突尼西亞，受「抗暴運動」邊緣化，遭美國懲罰，因此，為了保有權位，他不惜向以色列和美國作出一切讓步。我側聞巴解組織的官員和以色列政府已經有過一些祕密接觸，而從他們這種偷偷摸摸的行徑判斷，我知道巴解組織已經準備好拱手讓出「抗暴運動」的一切成果，以便可以參加美國所發起的「和平進程」（這個所謂「和平進程」關心的基本是以色列而非我們的利益）。我以身體有病和反對阿拉法特的政策為由，辭去「巴勒斯坦國民議會」的席位，因此得以在一年後進入巴勒斯坦，不再被以色列拒之門外（不過，當飛機降落於台拉維夫機場的時候，我們一家四口還是極端緊張和焦慮，擔心會受到盤問甚至拘留，幸好，這樣的事情並未發生）。

我此行所目睹的當然是一個完全改變了的環境。以色列已經變成一個我無法忽視的實體，哪怕它許多方面都讓人蹙眉，到處都看得到帶刺的鐵絲網和醜陋的建築。更糟的是，像太巴列（Tiberias）和薩法德（Safad）等許多城鎮的阿拉伯居民都被強制遷出，變成了猶太人聚居的中心。我震驚於看到今日竟有那麼多巴勒斯坦人使用希伯來語，反觀懂阿拉伯語的以色列人卻非常少，他們也懶得學。可以作為這種不對稱關係一大表徵的是，雖然以色列境內有近一百萬巴勒斯坦人是以色列公民（約旦河西岸和迦薩地帶的巴勒斯坦人則為數約二百五十萬），但當局卻不把他們當一回事，所有路標一律以希伯來文和英文標示，看不到半個阿拉伯文路標。儘管如此，當我們去過我媽媽的家鄉城鎮拿撒勒（Nazareth）一趟，拜訪過哈比比（Emile Habiby）和札耶特（Tawfik Zayyat）之後（兩人都會在後文被提及，也都當過以色列國會議員），我們卻可以窺見，雖然承受極大壓力和有所縮小，但自治的阿拉伯生活還是持續著。這一點，當然是拜阿拉伯語值得自豪的強大韌性所賜，但我相信，那也是一種巴勒斯坦人主體性和歷史意識的展現：我在一九八五和八六年間寫作本書的時候，要談的也是這個。

然而，正如方才說過的，無論我有多想，以色列／巴勒斯坦已不再是一個我可以生活的地方。我生了病，年紀太老（我自己是這樣覺得），而且習慣了流寓生活。更重要的是，沒有任何條例可以供我移民返鄉，因為以色列的《回歸法》（*Law of Return*）只適用於猶太人，不適用於我這樣的非猶太人。換言之，我族人民總人口的一半（包括住在黎巴嫩、約旦、敘利亞、其他阿拉伯國家、歐洲、北美洲和澳洲的巴勒斯坦難民）註定要一輩子流亡。一九九三年所啟動的「奧斯陸和平進程」（Oslo peace process）絲毫沒有改善巴勒斯坦人的困境（這是那些順口開河的政治評論家和政策制定者總是視而不見的）。我相信，「奧斯陸和平進程」的唯一後果只是把以色列的佔領行為合法化，並把阿拉法特（一個悲哀角色）變成了佔領政策的執行者，而可以預見的是，屯墾區的數目和被沒收土地的數目將會愈來愈多。為了公開宣示我對阿拉法特和「奧斯陸和平進程」的不滿，我開始固定為阿拉伯讀者撰寫專欄，同時以英文和阿拉伯文發表——英文版發表在開羅的《金字塔週刊》（*Ahram Weekly*），阿拉伯文版發表在以倫敦為總部的《生活報》（*al-Hayat*），後者現已是阿拉伯世界的頂尖報紙。在這些文章中，我公開批評巴勒斯坦自治政府和枚舉「和平進程」的種種嚴重缺陷（整個「和平進程」後來被納坦雅胡〔Benjamin Netanyahu〕所終止）。它們讓我生平第一次贏得一大批阿拉伯讀者，但我一點高興的感覺都沒有。一九九六年，一家埃及出版社把我的相關文章編為兩部文集，刊行出版，但它們一度被阿拉法特領導的自治政府禁止在巴勒斯坦人居住的地區流通。

一九九六年三月，我到拉馬拉去看兒子（他在那裡當了一年志工），才到達第一天，阿拉法特的御用電台「巴勒斯坦之音」（Voice of Palestine）便對我展開謾罵式攻擊，中傷我是中情局特務，還說我是巴勒斯坦人民的公敵和東方主義者！

因此，說來奇怪的是，自《最後一片天空之後》初版至今，大環境雖然已經有了很大改變，但巴勒斯坦人的處境要不是跟原來一樣便是變得更糟。他們之中當難民的人至今還是難民，而這些難民的總人數現已超過住在約旦河西岸和迦薩地帶的巴勒斯坦人。我在本書談到的兩個人物——阿拉法特和哈蘭·阿什拉維（Hanan Ashrawi），後來都有了更新的發展。具有狡猾求生本能的阿拉法特至今還在掌權，但只能從迦薩和拉馬拉發號司令。我自一九九二年年中便沒有見過他或跟他說過話。在我看來，他在奧斯陸談判後便應該辭去職位。正如我常常指出的，他已經變得貪腐、短視、無能和獨裁，不啻是人民的一大災難。年紀老邁讓他變得昏庸。當然，他早年的建樹是不可抹煞的，而我在本書裡亦有所述及，只可惜，這些建樹在一九九〇年之後即便沒有被抵銷，也是受到了玷污。至於哈蘭·阿什拉維（我在本書裡提到她的博士論文），如今已成了國際知名的人物。她曾經在一九九一年的馬德里會議居間折衝，代表過巴解組織參加華盛頓談判，又擔任過阿拉法特政府的閣員（一九九八年辭職）。除阿拉法特以外，哈蘭無疑是最知名的巴勒斯坦人之一，而這種知名度也來自她清晰的表達能力和有效的溝通能力。然而，就一整個民族而言，我們離「自決」（self-determination）的階段還差得遠，更何況有少數的巴勒斯坦土地（九%的約旦河西岸和六〇%的迦薩地帶）現在是由巴勒斯坦警察負責巡邏。在以色列，右派和宗教化的政黨近年來無論是規模和政治實力都壯大了不少，而雖然有一些新的合作領域出現，巴勒斯坦人和以色列人的鴻溝也變得比十年前更大。

所以，我們仍繼續是一個憂患重重、喪家失產（dispossessed）的民族。在本書裡，借助摩爾所拍攝那些無比優秀的照片，我反思了巴勒斯坦人的生活和內在景況。如今，親自去過巴勒斯坦一趟，親自看到一些被他攝入鏡頭的人物、地點和情境之後，我更加覺得他的照片深具象徵性和說明性。我們的合作體現出直到八〇年代中葉為止，我的寫作和政治生活的主要特徵，而在九〇年代的如今和千禧年將臨之際，重溫這些照片，我覺得我們的合作確實有助於指出一些巴勒斯坦人亟須改變的狀況：流離、喪家失產、表述習慣、內在和外在風貌、頑固、辛酸、英雄主義。帶著盡量客觀的態度重閱**《最後一片天空之後》，我覺得它也許可以作為巴勒斯坦人處境的一部原始資料**

（source book），**因為它不是從政策制定者的眼光出發，而是以回憶錄方式撰寫個人和無條理歷史家的眼光出發。它是一部不肯妥協的書，**把我們生活和經驗所包含的矛盾和二律背反（antinomy）原樣呈現，沒有刻意組織為有條理的整體或煽情的追憶。裡面有的只是斷片、小回憶、不連貫的場景、私密的瑣事。

薩依德

一九九九年一月於紐約市

巴勒斯坦人的生存狀態

前言／一九八六年版／愛德華·薩依德（E.W.S）

這書的構想源自一個把我和摩爾牽連在一起的古怪機緣。一九八三年，充當聯合國「巴勒斯坦問題國際會議」（ICQP）的顧問時，我建議在日內瓦主會場的入口大廳懸掛一些巴勒斯坦人的照片。當時我已拜讀過摩爾和約翰·柏格（John Berger）合作的作品[1]，深感佩服，便提議主辦單位委託摩爾到巴勒斯坦人的一些主要聚居地點拍些照片回來使用。我的主張獲得熱情迴響，而摩爾也在聯合國的贊助下去了近東一趟。他帶回來的照片讓人驚艷，但這時主辦單位的反應卻讓人困惑（愛反諷的人則會說這反應是「恰如其分」）。他們說我們可以把照片掛出來，但不可以有任何說明文字。不可以有故事，不可以有解釋。經過一番交涉，他們終於作出小讓步，同意讓照片附註上拍攝地點或國家的名字（如約旦、敘利亞、黎巴嫩、約旦河西岸、迦薩地帶）。但不可以有別的文字。這種奇怪和毫無彈性的規定讓我和摩爾大為不平。

就像面對任何官僚組織一樣，對於何以會有這種規定，我們得到的只是一些官樣文章的解釋。我已經不記得這些解釋的任何一個，卻清楚記得，整件事情跟「一些聯合國的會員國」有關，他們在會議籌備階段反對讓任何有關巴勒斯坦人的實質資訊出現。這些會員國主要都是些（唉！）阿拉伯國家，他們意見多多，甚至對 ICQP 這個構想本身都大有意見。對他們來說，巴勒斯坦問題在某種程度上有利用價值，因為他們可以藉它來撻伐以色列，抨擊錫安主義（Zionism）（即猶太復國運動）、帝國主義和美國，以及抗議佔領區內的屯墾和沒收阿拉伯人土地行動。然而，一涉及到巴勒斯坦人作為一個民族的緊急需求，一涉及到許多住在阿拉伯國家巴勒斯坦人的可憐處境，他們就會三緘其口。會議舉行的前一年，我受聯合國大會委託，進行了至少二十個研究項目，主要目的是為 ICQP 的參與者（一律是政府）提供關於巴勒斯坦人處境的必要參考材料。但只有三份研究報告被接受，成為會議的正式文件，其他的則因受到這個或那個阿拉伯國家抗議，說是內容不妥或傷害其國家主權而受到刪節或排除。至於以色列和美國，則更是對 ICQP 的各方面都不屑一顧。

正是這個原因讓我和摩爾決定攜手合作。我們要用照片和文字的搭配，說出某些有關巴勒斯坦人迄未被人說出過的事實。然而，要以清新的方式書寫和表象（所有意義下的「表象」）巴勒斯坦人卻牽涉到一個更大的難題。以前不是沒有人談過巴勒斯坦人，正相反，包括巴勒斯坦人自己在內，歷來有關巴勒斯坦人的談論非常多。這方面累積起來的文獻非常龐大，但大部分都是以辯難、譴責和指控為目的。到目前為止，還沒有一個書寫過巴勒斯坦的人（甚至去過巴勒斯坦的人）是從頭開始：每個人都因為讀過有關它的東西或在那裡住過一段時間便以為自己認識巴勒斯坦。那是一個擁擠得嚇人的地方，擁擠得幾乎容不下歷史書寫或歷史詮釋。

但不管曾經有過多少有關他們的書寫，巴勒斯坦人幾乎仍然是不為人知的。**特別是在西方，又特別是在美國，巴勒斯坦人都不是被當成一個民族，而是被當成一個動武的藉口。**毫無疑問，別人對我們的認識要遠少於我們在巴勒斯坦的權利競爭者（即猶太人）。自一九四八年以後，我們的生存狀態便受到了壓縮。**我們經歷了許多苦難，卻沒有人加以記錄下來。我們有許多人被殺，有許多人終身傷殘，卻毫無痕跡留下來。而那些用來表象我們的意象只更進一步扭曲了我們的實質。在許多人心目中，巴勒斯坦人只是戰士、恐怖分子和無法無天的賤民。**一談到「恐怖分子」，人們馬上會想到的便是頭戴阿拉伯頭巾和手持AK-47步槍的巴勒斯坦人。過去，巴勒斯坦人給人的印象主要是可憐無助的難民，然而，某種程度上，「恐怖分子」已取代了「難民」，成為巴勒斯坦人的標準形象。

與此同時，各種巨大的變化（幾乎無日無之）讓巴勒斯坦人的處境變得更加複雜。例如，有一季，我們有些人在薩卜拉（Sabra）和夏蒂拉（Shatila）兩個難民營受到黎巴嫩馬龍派（Maronite）民兵的屠殺（但真正的禍首是以色列，因為馬龍派民兵的行為是受以色列的指使）；而在另一季，什葉派的阿邁勒（Amal）民兵（大概是敘利亞所指使）又圍困了上述兩個難民營，犯下一些可以跟以色列媲美的暴行。

今天，巴勒斯坦人只要聚在一起，總會抱著愈來愈急迫的心情討論一個話題：阿拉伯朋友和以色列敵人是怎樣對待我們的。我們有時還真是說不上來，到底是朋友還是敵人對我們更加壞些。雖然每一個巴勒斯坦人都清楚知道，我們過去三十年來的悲慘遭遇跟一九四八年以色列摧毀我們社會的行動有分不開的關係，但有一個問題仍然多有爭論：到底，我們今日的不幸是否可以單純歸咎於發生在一九四八年那場災難？

我不認為事情是直線性的因果關係。沒有任何簡單清楚的論述足以涵蓋我們經驗的錯綜複雜性。就算以色列真的是在阿拉伯世界內外無情地追擊我們，真的是自一九四八年以後便不間斷地打壓巴勒斯坦民族主義甚至打壓巴勒斯坦這個觀念本身，我們在阿拉伯世界內部的遭遇仍然是一種**阿拉伯**遭遇，是必須分開來看待的。不管我們去到哪裡，我們都會受到過去的糾纏，與此同時又創造出新的現實和糾葛，而這些新的現實和糾葛都是無法套進簡單的範疇或我們先前碰過的模式。

但還有其他的複雜性存在。我們誰都無法否認，暴力業已成為我們生活的顯著特徵。我們的生活裡包含著各種暴力：一九四八年那場把我們社會連根拔起的暴力、我們各個敵人加諸我們的暴力、我們加諸他們的暴力，以及（這是更可怕的）我們自相殘殺的暴力。這些暴力讓我們吸引到相當多的目光，也加速了我們的民族自覺，使我們感受到我們是一個有別於他群體的共同體。雖然我們中間很多人會馬上辯稱，我們會使用暴力只是出於自衛，只是因為阿拉伯人、以色列人和美國政府心照不宣聯手打壓我們而不得不然，然而我相信，我們大部分人還是會願意勉強承認，起碼自一九六七年以後，巴勒斯坦人已經發展出一種自己的動力軌跡，發展出一種特殊的邏輯，以致我們的暴力性不是上面那種簡化的辯詞所辯解得了。沒錯，我們是受到了迫害，而我們的身分認同也受到威脅，但我們絕不是完全被動也不是完全無辜的。事實上，從我們能激起別人那麼激烈的反感，正證明我們是相當可觀的一股獨立力量，任何否認這一點的人只是口是心非。

不消說，沒有任何單個巴勒斯坦人的經驗足以代表大部分巴勒斯坦人的經驗：我們的經驗太多樣和太分散了，無法形成這樣的一致性。但起碼，我們確實是形成了一個共同體，哪怕這共同體的基礎是苦難與放逐。那麼，要怎樣把它傳達出來呢？我們流離生活的大部分是外界看不見的，完全是我們獨有的。我們這個共同體形成得太晚、經驗太多樣化，以致尚未產生出一個完全系統化的願景；另一方面，我們又太多話，製造了太多的麻煩，讓別人無法單單視我們為一群可憐的難民。一個年長的親戚二十五年來反覆對我說：「巴勒斯坦人是一種病。」我不贊成他的觀點，但我們無疑真的不符合許多分類架構，也真的是給朋友、敵人和我們自己製造過許多麻煩：這一切都構成了書寫和表象巴勒斯坦人的一道難題。

本書的目的是直面這道難題，拒絕接受世人對巴勒斯坦人那種慣性、簡化甚至有害的表象，致力於用另一種捕捉得住我們錯綜複雜經驗的意象取而代之。本書的風格與方法自成一格（讓文字與照片互動，讓不同的文類、風格錯雜），並沒有意圖要述說一個連貫的故事，甚至沒有意圖要構成一篇政治論文。由於我們當前生存狀態的主要特徵是喪家失產、流離四散，與此同時又擁有一種與我們無國狀態不相稱的力量，所以，我相信採取一種非傳統、混種的和碎片的表現方式，最是能夠把我們的真實樣貌表象出來。所以，我使用的方法是刻意設計出來的，務求其不同於媒體、社會科學作品和大眾小說的敘事方式。以這種方式，我要對作為分離四散民族共同體的巴勒斯坦人提出一個個人色彩的詮解。

這不是一部「客觀」的書。我們的目的是透過巴勒斯坦人的眼睛去看巴勒斯坦人，與此同時不低估有時連他們自己也會把自己視為「他者」的程度。我許多朋友看過摩爾的照片後都表示，他看我們的眼光跟誰都不一樣。但我們同時覺得，他看我們的眼光就像我們看自己的眼光：既站在我們的世界之內又站在我們的世界之外。這種雙重視角也滲透到我的文字中。所以，在寫作過程中，我發現自己常常會使用不同的人稱代名詞指稱巴勒斯坦人：或是「我們」，或是「你們」，或是「他們」。隨著這種視角的突兀轉換，我感覺到它們複製出「我們」經驗自身的方式，複製出「你們」對他人目光的意識，複製出「你們」與「他們」之間的距離（這是我們在孤獨時會感受到的）。

這種多重視角的方法是任何表象我們的嘗試都不可或缺的。因為沒有國家、喪家失產和缺去中心（de-centered），我們常常要麼是無法說出我們經驗的「真理」，要麼是無法讓這真理被人聽見。我們總是無法控制那些用來表現我們的意象，總是被困在設計來簡化和矮化我們的空間裡，常常受到不能承受之重的壓力和力量所扭曲。一個額外的難題由我們的語言所構成。阿拉伯語是西方人所不熟悉的，屬於一個總是被誤解和醜化的傳統和文明。所以，每當我們書寫自己的時候，都是一種詮釋性翻譯（**interpretive translation**）——一種對我們的語言、我們的遭遇、我們的人我意識（**senses of self and other**）的詮釋性翻譯。

只有正視上述的種種複雜性，我們才可望逼近我們那種捉摸不定的身分特質，才可望整合集體真實和個人真實，才可望理解巴勒斯坦人異常多樣的個體性和活動。我和摩爾分別是巴勒斯坦人和瑞士人，卻能在創作這書的過程中攜手合作，希望各位（巴勒斯坦人、歐洲人、美國人、非洲人、拉丁美洲人、亞洲人）也是如此。

薩依德
一九八六年於紐約市

註釋

①主要指《另一種影像敘事》（*Another Way of Telling*）一書。

我何以會對「為巴勒斯坦人請命」感興趣

前言／摩爾（Jean Mohr）國際著名攝影家與約翰．柏格合著有《另一種影像敘事》（*Another Way of Telling*）

大約兩年前，路過紐約時，我順道探訪了一個朋友，他是知名記者，也是攝影界的老前輩。閒話家常和敘過舊之後，他循例問了我那個必問的問題：

「你目前在忙什麼計畫？」

「一個攝影展，用來回顧我三十年來的作品，外加一些在色彩上頗具實驗性的作品。另外，我還有一部新書準備出版，涉及的是一個我念茲在茲的問題。」

「關於哪方面的？」

「巴勒斯坦人。」

他沈默了好一會兒，才面露苦笑，看著我說：

「當然，有何不可！但你不認為這個題材有一點點**過時**嗎？我自己也拍過一些巴勒斯坦人的照片，特別是難民營裡的……他們還真是可憐！但今時今日，誰又會對一群自找麻煩的人感興趣？更何況他們還大搞恐怖主義……我建議你倒不如把精力和才能放在更有價值的事情上！」

我會堅持完成這本書，正是為了回應這一類頑愚之見。但我必須首先簡單說明，我何以會對為巴勒斯坦人請命感興趣。以下列舉的日期和事實可以提供一個梗概：

一九二五年　我出生於日內瓦一個德國籍家庭，父母都是來自南德。

一九三六年　我全家人申請入籍瑞士，「流寓」從此對我們不再是一個抽象字眼。

一九三九年　我成了瑞士公民。

一九四九年　我當上國際紅十字會的代表，被派到中東地區，為巴勒斯坦難民做點事。當時，我才剛從日內瓦大學畢業，對那邊的情況幾乎一無所知。但我充滿熱情，決心要顯示自己勝任這工作。我在貝魯特工作了三個月，然後又去了杰里科（Jericho）和希布倫（Hebron）。工作內容包括發放食物、建立營地和學校，以及進行一次人口普查。

一九五〇年　紅十字會的救助計畫結束，我改為聯合國工作，在伊爾比德（Irbed）當了幾個月「地區官員」。

一九六七年　我到以色列和約旦河西岸旅行了兩星期。

一九七九年　我得到一個機會，可以到以色列和被佔領區（約旦河西岸）考察一個月，全程由一位精通希伯來語與阿拉伯語的朋友相陪。那真是一次錐心的經驗！三十年過去了，但我發現，巴勒斯坦人的處境不但毫無改善，反而每下愈況。在難民營地區，帳棚是不見了，但取而代之的只是一些冬冷夏熱的棚屋。新的一代出生了，可是他們又有什麼未來、什麼希望可言？

該怪的不是只有以色列人，我們全都難辭其咎。我自己何嘗不是根據一個錯誤藉口，便把巴勒斯坦人遺忘了三十年（那個藉口是，他們中間的極端分子所幹的暴行是不可原諒的）。

我拍攝的照片後來有一些得到出版，但總是發表在發行量小的期刊雜誌，發表在一個我會稱之為「學術界」的脈絡裡。我的讀者都是知識分子，而且是持左翼觀點的知識分子（美國人稱之為「自由派」）。換言之，他們本來就多少相信巴勒斯坦人的訴求有道理。

後來，我又回到過中東好幾次，去了黎巴嫩、敘利亞和約旦，主要是去看看那些地方的難民營。

對上一次去以色列，就在我要從台拉維夫機場坐飛機回瑞士的時候，一個女海關（土生土長的猶太姑娘）問了我一些我認為非常有欠思慮的問題：

「你在我們國家過得愉快嗎？你住在哪裡？……有沒有看到過阿拉伯人？」

「聽著，在以色列這裡，除非閉上眼睛，否則你很難看不見阿拉伯人！」

「抱歉，我的意思是，你有沒有拜訪過阿拉伯人？」

我的反應讓她困惑，但我沒有多說什麼，只微微一笑，便往登機閘門走去。有，我拜訪過阿拉伯人，也拜訪過一些以色列人，但時間和場合都不容我多做說明，不容我嘗試去說服她什麼。

摩爾

一九八六年，日內瓦

1

國家

STATES

在一個土褐色阿拉伯城市的外圍，在一個難民營的旁邊，在接二連三災難暫一停歇的空檔，一支迎親隊伍被照相機拍個正著。他們顯得驚訝、不快和有一點點不自在。他們是巴勒斯坦人（從他們的姿態和他們的混雜風格可清楚看出），住在黎巴嫩北部的的黎波里附近。這照片拍攝的幾個月後，他們的難民營便受到巴勒斯坦人的內部戰鬥所蹂躪。斜停在小路前方的是一輛無處不見的賓士轎車，車尾箱上那個自豪的D字母（表示「德國」）表明它是原裝貨。賓士轎車在西方是奢侈品，卻是黎凡特地區（Levant）①最普遍的代步工具，幾乎一律是走私進口的二手貨。它取代了馬匹、騾子和駱駝的工作，又被賦予了更多其他任務。除了通常作為計程車以外，它還象徵著現代科技的本土化，象徵著西方生活方式對傳統生活方式的入侵，象徵著非法買賣。更重要的是，賓士轎車在這地區已成了一種萬用的工具，可以派上各種用場：喪禮、婚禮、生小孩、炫耀、上班、下班、維修、偷竊、轉售、跑路、躲藏。但因為巴勒斯坦人沒有屬於自己的國家可以庇護他們，於是，來源和目的地都不明的賓士轎車遂顯得是個入侵者，代表著那些既打亂他們生活節奏又團團包圍著他們的力量。「大地在我們面前闔上，驅趕我們走上最後一程。」詩人戴爾維什（Mahmoud Darwish）如是說。

1983 年 5 月，的黎波里的班達維難民營（Badawi camp）的一支迎親隊伍。

機動性與不安全感的弔詭。不管我們巴勒斯坦人身在何處，都不會是身在巴勒斯坦，因為巴勒斯坦已不復存在。不管你是從阿拉伯世界的一頭走到另一頭，是在歐洲、非洲、美洲還是澳洲旅行，你都找得到像你一樣的巴勒斯坦人，找得到像你一樣受特殊法令、特殊身分限制、帶著被施暴印記的巴勒斯坦人。除了在外地流亡以外，我們還在自己的家園流亡，因為繼續有巴勒斯坦人住在從前那片叫巴勒斯坦的土地（如今由以色列、約旦河西岸和迦薩地帶構成）。但不管是流亡哪裡，巴勒斯坦人的生存空間皆已悲慘地大受壓縮。他們要麼被稱為「朱迪亞和撒馬利亞②的阿拉伯人」（**the Arabs of Judea and Samaria**），要麼被稱為「非猶太人」（**non-Jews**）。他們有些還被稱為「在場的缺席者」（**present absentee**）。在除約旦以外的其他阿拉伯國家，他們拿到的都是特殊的識別證，上面把他們的身分標示為「巴勒斯坦難民」，所以，即使從事的是工程師、教師、生意人和技術人員等體面職業，但在地主國眼中，他們始終是異類。無可避免地，今日凡是以巴勒斯坦人為主題的照片都會包含這個事實，使得它昭然若揭。

記憶讓巴勒斯坦人的流放生活更加滿懷愁緒。巴勒斯坦位居伊斯蘭教、基督教和猶太教三大文化的中心，而東方和西方都一直把它說成是一片神奇地域。沒有人敢忘記它，沒有人敢忽視它。世界新聞常常滿是有關巴勒斯坦──以色列地區的報導，包括最新一場的中東危機或最近一次的巴勒斯坦人英勇抵抗行動。巴勒斯坦的景點、物品和紀念碑是商業、戰爭、朝聖、膜拜的對象，是文學、藝術、歌曲和奇想的主題。不管是東方或西方，是高級文化或商業文化，都曾向巴勒斯坦吸取靈感資源。照片中一對新人穿著不太合身的西方結婚禮服，但他們周遭親友卻是穿戴本土衣著飾物，顯得自自然然。這場合的歡樂氣氛與他們無處可去的難民身分格格不入，而在旁邊玩耍的小孩也跟四周毫不吸引人的環境形成觸目對比。新郎有一雙工人的大手，新娘則手指纖細、朦朧白皙，二者很不協調。每當我們從巴勒斯坦流亡到其他地方，即使我們在新環境過得體面，舊日的一切仍會如影隨形逼近，像記憶一樣既具體又不真實。

有時，被迫播遷的酸楚就像是描在微弱鉛筆痕跡上的粗大字體。身體與新環境會適應不良③。角度是錯的。牆上的擺設是裝飾用，可不知怎麼搞的卻讓房子顯得像個雜物盒子。我們以猶豫的姿勢坐在椅子上，不知道是該面向唐突的訪客還是要迴避他的目光。孩子被抱著，卻又是向外抱著。男人和女人的姿勢表情再現著四周那令人不敢恭維的環境：女人的頭巾複製了牆壁上的陰森圖案，男人的雙腳交踩著，既重複又牴觸著向外突出的椅腳。他看來坐立不安，一副隨時準備好要離開的樣子。這一次又發生了

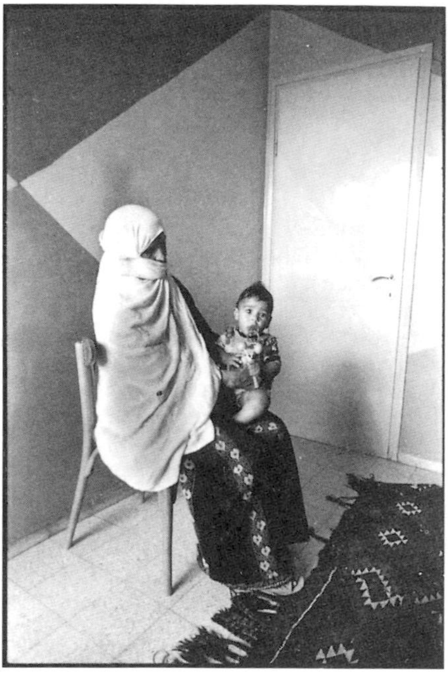

1979 年，特爾舒華（Tel Sheva）。照片中人不久前還是沙漠裡的遊牧民，以帳棚為家，如今卻被迫定居在貝爾謝巴（Bersheeba）附近一個村子。地上的地毯是他們早期生活的唯一痕跡。

什麼事？這一次又要往哪裡去？他們的形象縮影著我們變幻無常的處境，縮影著我們隨時都有可能被驅趕到另一棟房子、另一個村莊、另一個地區的事實。既然曾經從一個「棲息地」被趕到另一個，誰又能保證不會歷史重演。

流亡是一系列沒有名字、沒有脈絡的肖像照。這些照片基本上都是沒有解釋文字、無名無姓和啞口不語的。看著它們的時候，我並沒有來自鄰里閒談的知識可以仰仗，另一方面，它們無比寫實的特質又能傳達出一些比表面資訊更深的印象。我當然是搆不著照片中人的具體人生，頂多可以透過為他們拍照的歐洲攝影師略知一二。依我猜測，那攝影師是透過翻譯人員與他們交談的，換言之就像我一樣，得到的只是第二、三手的知識。不過，有一件事情我倒是可以肯定，那就是他們雖然保持禮貌，心裡卻認定攝影師跟把他們推到如今可憐處境的那些人來自同一方向，甚至是一丘之貉。他們感到窘迫，不知道自己何以會被觀察和拍照，卻沒有力量阻止。

* * *

A．Z的父親（我妹妹的公公）臨終前把所有子女聚集到床邊，要與全家人最後團聚一次。他是個非常年邁又非常虛弱的老人，來自海法（Haifa），人生最後三十四年都住在貝魯特，一直對失去房子和財產一事感到無比憤怒和難以置信。現在，以一個身無分文、可憐兮兮的大家長的身分，他指著放在床邊的一口破舊行李箱，結結巴巴說出最後遺訓：「保存好裡面的鑰匙和契據。」行李箱裡放著他被逐出巴勒斯坦時搶救回來的一些家當。各種私密的小紀念物在我們手中傳遞，它們就像是系譜或遊唱詩人傳述的故事那樣，包含著一個不能被喚回的過去。照片、衣服、失去使用場合的物品、語言習慣和風俗：這些全都是我們捨不得放下的物事，它們被我們加以複製、放大、聚焦、添加意義和傳遞觀賞，以作為聯繫我們跟自己巴勒斯坦人身分和聯繫我們彼此關係的線絲。

有時，我會覺得這些負載著沈重記憶的物品（相簿、玫瑰經、念珠、圍巾、小盒子等）只是些累贅。我們攜帶著它們到處遷移，把它們懸掛在每一個新遮風蔽雨處的牆壁上，藉此表現出我們對它們的愛戀。然後，我們會以為自己的怨氣已消，不知道它在悄悄繼續生長。我們也不承認自己戀舊的態度已經僵化，無法改變。這樣，到頭來我們就會被過去完全控制。我爸爸花了一輩子時間想逃離這些物件（最主要的是「耶路撒冷」，包括真實的耶路撒冷和它的各種象徵物品）。就像他父母、祖父母和其他遠祖一樣，我爸爸出生在耶路撒冷，小時候住在老城區，曾向遊客兜售一些號稱是真品的十字架和荊棘冠冕碎塊。但他恨那個地方。他常說，那裡意味著死亡。所以，他沒有把多少與耶路撒冷有關的東西留在身邊，頂多是一

耶路撒冷的前市長和他太太，兩人如今住在約旦，過著流亡生活。1984 年，安曼。

兩個不完整的故事、一枚錢幣或一個獎章、一幅我祖父騎在馬上的照片，以及兩張小地毯。我甚至從未看過一張我祖母的照片。然而，等我爸爸老去後，他卻開始說些我聽不懂的耶路撒冷俚語，而那都是我年輕時從未聽他說過的。

⁂

過流亡生活的人很難維持身分歸屬（我們是誰？來自何處？是何許人？）。大部分其他民族的身分歸屬都是天經地義，但巴勒斯坦人卻不是如此，需要反覆不斷為自己的身分歸屬提出證明。這不只是因為我們已經被界定為「恐怖分子」，還因為我們作為巴勒斯坦原住民以及對這土地擁有基本權利的事實，已經受到否定或挑戰。再來還是因為我們總是被拿來跟以色列人相對照，在他們被大受稱頌的民主制度和各種成就面前顯得一無是處。在許多西方人的措辭裡，我們淪為納粹和反猶太主義者同一類的貨色。人們認為我們沒有任何成就，沒有任何值得尊敬的特質，唯一擅長的是破壞中東地區和平。有些住在約旦河西岸的以色列屯墾者說：「巴勒斯坦人可以住在這裡，但不能擁有任何權利，只能以外籍居留者的身分生活。」另一些以色列人則更不寬厚。我們沒有愛因斯坦、夏卡爾（Chagall）、弗洛依德和魯賓斯坦之類的名人可以保護我們。我們也沒有

「納粹大屠殺」（Holocaust）可以博得世人同情。我們是「他者」，是對立面，是「出埃及」和「返家園」的對稱公式裡的一個污點。於是，我們用沈默和謹慎來掩蓋傷口，放慢身體的渴求以減輕失落的刺痛。

巴勒斯坦有少數未被改變的景貌可以讓人回憶起往昔的歡樂。賣蛋糕和玉米的流動攤販還在那裡，隨便就看得見，而他們賣的東西仍然能夠激起食慾。他們看來不只會從一個地方叫賣到另一個地方，還會從從前叫賣到現在，而伴隨著他們的也還是同一批顧客：年輕的男孩女孩、回家途中的腳踏車騎士、閒晃的學生或職員。就像從前一樣，我們買東西的零錢是偷偷找到的（有誰還記得從前的輔幣單位？是「披索」、「費斯」還是「先令」？），買的也是同一種不起眼零食：沾有百里香佐料的圓形芝麻餅或撒上鹽巴的煮玉米。這些東西既不特別精緻，也沒有經過精心烹調，但我們卻吃得津津有味，主要原因是它們不是正餐，無關營養，不是例行公事。然而，今日的我與這種生活的距離又是何其巨大。感覺上，我輕易就可以躍進這些照片裡，回到往昔的時光，但實際上，我又要如何跨越橫阻在我和照片中景物的障礙？

因為那片土地現已離我更遠。一九三五年年底出生於耶路撒冷，我是一九四七年底永遠離開被託管的巴勒斯坦的。到一九四八年春天，我最後一個堂兄弟撤出了我們家族位於西耶路撒冷的宅子。我聽說，布伯（Martin Buber）④後來住進這宅子，直到逝世。我是在埃及長大的，然後再到美國念書。一九六六年，我去了拉馬拉一趟（當時的拉馬拉仍屬約旦管轄），參加一個親戚的婚禮，同行的有我爸爸（他五年後逝世）和我妹妹。自那次聚會後，我家族的所有成員都經歷了再一次的遷徙：或遷往約旦，或遷往黎巴嫩，或遷往美國，或遷往歐洲。就我所知，如今我已經沒有任何親戚住在舊稱巴勒斯坦的那片土地。另外，戰爭、革命和國內鬥爭已經把我曾經住過的幾個國家（黎巴嫩、約旦和埃及）改變得面目全非。直到三十五歲為止，我若想要的話，就可以從開羅一直旅行到貝魯特，一路暢通無阻，不因沿途地區受不同殖民強權控制的事實影響。現在卻不是這個樣子，例如，我媽媽雖然還住在貝魯特，但自一九八二年以色列入侵黎巴嫩以後我便沒有再探望過她，因為那裡不再歡迎巴勒斯坦人入境。所以，今日我既無法回到我童年時代住過的地方，也無法在那些留有我許多青少年回憶的國家或地方自由旅行。我以前常常造訪的一些阿拉伯國家，其政府或政策在近年都有了激烈變動，以至於我的人身安全再無保障，難保不會遭到暴力對待或逮捕。現在，我最不愉快的事情莫過於在阿拉伯國家受到海關和

1979 年，拉馬拉街頭一景，這種日常生活景象平凡無奇而令人心安，但其背後卻潛藏著持續的緊張，隨時都可能有事情發生：例如有人會向經過的軍用吉普車丟擲石塊。

警崗的盤查。

自一九四八年以後，阿拉伯世界發生了一次又一次的激烈動盪，而每一次都有力地摧毀我們原先的生存狀態。在我出生那年，我們巴勒斯坦人都是自視為屬於一個個更大群體下面的小群體的一分子。例如，我和家人就屬於新教小群體，外面一圈是東正教群體，再大一圈的是遜尼派穆斯林，再上面是統治一地區的殖民強權（最重要的外來勢力是英國人，法國人緊追其後）。不過，到了第二次世界大戰以後，隨著英國和法國失去他們在巴勒斯坦的統治權，我們第一次需要直接面對殖民政府所留下的「遺澤」：無能的統治者、立場分裂的人口，以及阿拉伯人與猶太人（大部分來自歐洲）互不相容的權利要求。一九四八年，以色列建國，巴勒斯坦人從此走向了喪家失產的不歸路。一九五六年，英國、法國和以色列入侵埃及，導致還剩下來的黎凡特社群（義大利人、希臘人、猶太人、亞美尼亞人和敘利亞人）不得不離開。納塞（Abdel Nasser）的崛起點燃了所有阿拉伯人（特別是巴勒斯坦人）的希望，以為阿拉伯民族主義的復興指日可待，然而，自埃及與敘利亞在一九六一年的合併瓦解後，所謂的「阿拉伯冷戰」便如火如荼展開。在這場冷戰中，沙烏地阿拉伯與埃及敵對，約旦與敘利亞敵對、敘利亞與伊拉克敵對……新的難民、流動工人和流亡的政黨在阿拉伯世界交叉往來。至於我們巴勒斯坦人，則投入到各國的政治運動去：敘利亞和伊拉克的「阿拉伯復興主義」（Baathism）、埃及的「納塞主義」（Nasserism）和黎巴嫩的「阿拉伯民族主義運動」（Arab Nationalist Movement）等。

一九六七年的戰爭，緊接在阿拉伯世界因為油價高漲而繁榮起來之後沒多久。歷來第一次，巴勒斯坦民族主義運動的崛起，成為了中東的一股獨立力量，讓我們的前景變得空前亮麗。然而，時間的推移卻證明了，我們在政治舞台上的崛起，刺激起了許多極不健康的現象：伊斯蘭基本教義派、馬龍派民族主義和猶太狂熱主義。另外，新興的消費文化和電腦化經濟也大大加速了阿拉伯世界的貧富懸殊和新舊對立。然後，自一九七五年起，黎巴嫩的內戰把黎國的不同政治派系、巴勒斯坦人和好些阿拉伯及外國強權捲入其中，互相對抗。結果是，作為阿拉伯世界思想中樞與神經中樞的貝魯特被摧毀了。對我們而言，這代表了巴勒斯坦民族運動（其核心是巴解組織）的瓦解。其後，埃及總統沙達特（Anwar Sadat）承認以色列之舉，還有大衛營協議的簽訂，都進一步瓦解了這地區內的同盟關係和擾亂其既有的平衡性。伊朗在一九七九年爆發了革命，隨後是兩伊戰爭。一九八二年，以色列入侵黎巴嫩，逼使更多的巴勒斯坦人播遷，而發生在薩卜拉（Sabra）和夏蒂拉（Shatila）兩個難民營的屠殺則進一步削減了貝魯特的巴勒斯坦人人數。一九八三年年底，巴勒斯坦人發生內訌，而敘利亞和利比亞直接捲入，支持巴解的反對者跟巴解組織火拼。不過，帶著我們政治命運一貫的反諷性格，我們在一九八五年年中又團結起來，在薩卜拉和夏蒂拉難民營擊退了由敘利亞撐腰的什葉派民兵。

地理的穩定性和土地的連續性已經完全從我的生活和所有巴勒斯坦人的生活中消失。我們或是被擋在邊界外，或是被成群地趕進難民營，或是被禁止重新入境和定居，或是被阻止從一處到另一處旅遊。我們有更多的土地被奪走，生活受到專橫干涉，聲音無法彼此互通，被困處在一個個孤島上，受到強大軍事力量的凌遲（這軍事力量假裝它所從事的只是純粹的行政管理）。在約旦河西岸和迦薩地帶，我們得面對錫安主義者好幾個「總體規劃」的步步進逼。就像耶路撒冷前副市長本韋尼斯蒂（Meron Benvenisti）所指出，這些規劃「公然是以區隔敵我為目的」：

> 決定屯墾地點的判準是這幾個：「相互連接性」、「分隔性」、「稀少性」。「相互連接性」是指一地點可以「連接既有的猶太人聚居區，能夠建立猶太地區的連續性」；「分隔性」是指一地點可以「監視不受控制的阿拉伯人聚居區，以及防止阿拉伯人聚居區形成塊狀」。「稀少

性」是指地區內沒有猶太人的聚居區。這幾個判準「同時包含著純規劃和政治規劃的考量」。

《約旦河西岸的資料計畫：對以色列政策的一個考察》（*The West Bank Data Project: A Survey of Israeli Policies*）

換言之，這些規劃是要在作為主宰族群的**他們**中間建立起連續性，是要在喪家失產和分離四散的**我們**中間建立起不連續性。

不過，這種事不只發生在佔領區，還發生在住有大量巴勒斯坦人社群的阿拉伯國家和其他國家。在那些地區，我們一樣是被打散，得住在不同的難民營、區域、營舍或小區塊，不同的是這種安排不是「純規劃」或「政治規劃」的產品。例如，安曼的巴克阿難民營（Baqa'a camp）和科威特的哈瓦立區（Hawaly，巴勒斯坦人的聚居區）都是自然形成的。

各種形式的巴勒斯坦人活動和團結聚合的嘗試都會受到懷疑。以色列不容許約旦河西岸和迦薩地帶有任何「發展」（development，指系統化加強巴勒斯坦人經濟與社會體系的作為），只容許「改善」（improvement），但前提是不能「改善」太多，不能改善到「發展」的程度。以色列的軍事法令把巴勒斯坦旗幟的顏色定為非法，以致迦薩地帶一個叫加賓（Fathi Gabin）

的藝術家只因為在他的一件作品裡用了黑、綠、紅、白四種顏色，便被監禁了六個月。另外，納布盧斯（Nablus）的納賈大學（al-Najah University）因為舉辦了一次巴勒斯坦文化展覽，被關閉了四個月。因為我們的歷史是違禁品，因為我們的論述是稀少的，所以有關起源、有關家園、有關民族的故事只能在地下流傳。而每當它們現身，總是以破碎的方式現身，常常極端迂迴曲折，如同是用密碼寫成，而且是表現為讓人難受的體裁（故作嚴肅的小品劇、諷刺詩、挖苦的寓言或荒謬的儀式），讓外人摸不著頭腦。所以，巴勒斯坦人的處境是散沙般的、不連續的，被局限在一些受擾亂或被包圍的空間裡，被強加上一些人為和外加的安排，沒有同步性的時間韻律可言。小孩玩耍的空地是戰爭留下的廢墟，散落著借來或進口的工業科技產品，有些是過時品，有些是殘骸。這是多麼古怪的光景，但對巴勒斯坦人的處境又何其有象徵性。**從故鄉到出生地到上學到長大成人，我們走過的路徑並不是一直線的，所有事件都是偶然，所有前進都是倒退，所有居留都是流亡。我們徘徊在一些無可名狀的地點，既非這裡也非那裡；我們透過沒有玻璃的窗戶張望，駕駛不會動或沒有馬力的交通工具。隨機應變和逆來順受是對我們最有用的處世原則。**

新一代巴勒斯坦人與一九四八年那一代之間的差異大得嚇人。我們父母因為無法理解自己所遭遇的災難，臉上總掛著茫然神情。他們都是在頃

1983 年，黎巴嫩南部的提爾（Tyre）布爾杰舍馬里難民營（Bourj el-Shemali camp）一景，照片中的汽車殘骸反映出這裡曾經發生過激戰（詳細情況不明），四周盛開的花朵反映出時序是春天或 5 月。兩個小孩身上穿的漂亮衣衫幾乎可以肯定是慈善組織贈送的。他們是難民的下一代，換言之是下一代的難民。

刻之間失去過去、失去社會，生存狀態變得極端貧乏。他們全都是難民。我們的孩子卻沒有這種包袱。他們以完好的汽車作為交通工具，以被摧毀的汽車作為遊戲場地。在他們眼中，一切都不是永久、牢固，是充滿變化的——這一點，在那些巴勒斯坦人社群最受重創的地方（如黎巴嫩）尤其如此。在那些地方，他們的遭遇大都不留下紀錄，他們的人數也從未被普查點算。

不曾有過巴勒斯坦人的人口普查。因為，把一群巴勒斯坦人和另一群巴勒斯坦人相提並論之舉，有可能會讓這個國家或那個國家看成是干涉它們國家政治設計的行為。所以，雖然我們是住在「正常」的人群（有完整生活的人群）之間，但那些人擁有的東西（國家、家族連續性和完整無缺的社會等），都是我們望塵莫及的。在這種情況下，一個巴勒斯坦男人要怎樣告訴兒女，他們雖然住在這裡（黎巴嫩、埃及、敘利亞、約旦或紐約等），但這裡卻不是我們的**家**？在這種情況下，一個巴勒斯坦女人要如何向孩子憶述自己的童年往事，如果那些涉及的人事物甚至地名已不復存在？

所以我們就東借西湊，把殘缺的畫面給補綴起來。例如，哪怕我們如今使用的是貝魯特、底特律或巴黎的阿拉伯方言，卻繼續保留雅法

位於貝爾謝巴附近的貝都因人（Bedouin）營地，1979 年。

（Jaffa）、希布倫（Hebron）、耶路撒冷或其他巴勒斯坦城市的阿拉伯語詞尾變化。又例如，我發現我現在認識的巴勒斯坦人要比一九四八年前所認識的多很多。有很長一段時間，我都以為這是因為我從前是個小孩，而且是屬於一個宗教少數群體，才會如此。事實卻不然，因為連我最年長和最親密的一個巴勒斯坦人朋友盧格霍德（Ibrahim Abu-Lughod）也是一樣。他年齡比我大、比我活躍，照理說早在一九四八前便交遊廣闊，但他卻表示，他現在所接觸到的巴勒斯坦人要遠多於從前。他寫道：「拜現代科技進步之賜，巴勒斯坦人家庭和作為一整體的巴勒斯坦人社會，業已鍛鑄出非常多的人際、社會與政治紐帶。只要搭上一班飛機，我便可以看到我大部分的朋友。我每年都會去看全部親戚一或兩次。從前可不是這個樣子，例如，當我還住在雅法的時候，便從未見過我住在迦薩地帶的親戚。」但盧格霍德沒有為此而興高采烈：「我老感覺自己缺失了一些什麼。正是為了彌補這種闕如，我才會不遺餘力加強和擴大我的人際接觸。」

我們用一些新的關係去蓋過那缺失去了的「什麼」。飛機旅行和長途電話使我們中間較幸運的一群可以加強聯繫，而流行文化的普世符號則連接起我們中間較貧窮無助的人。

⁂ ⁂ ⁂

難民營裡一個年齡不詳的小男孩，1979 年，迦薩。

我們並未擁有有條不紊的時間序列。我們的小孩有時會跳過某個成長階段，或是更嚇人地，身或心的某部分異常早熟，而其他部分則繼續停留在童稚階段。我們無法忘記，有些猶太人偶爾會在私底下互相耳語，稱我們的小孩是「人口因素」（population factor），換言之值得害怕，應該加以驅逐甚至必須加以消滅。我聽說，在黎巴嫩，有一個說法是巴勒斯坦人小孩特別該殺，因為他們每個都是未長大的恐怖分子，你不殺他們，他們以後便會來殺你。

我們的可變異性何其巨大，何其容易從一物變為（或被變為）另一物，我們的地位又是何其不穩定——而這一切全都源於我們失去了生存的根基，失去了我們的土地，斷絕了我們的土地與過去的聯繫。世界上不復再有巴勒斯坦人，有的只是「朱迪亞和撒馬利亞的阿拉伯人」、「非猶太人」、「恐怖分子」、麻煩製造者和巴勒斯坦難民。我們只是卡片上的一個名字，是名單上的一個號碼。我們得到許多口頭讚揚，但實際上卻被當成累贅。我們在一九七〇年被逐出約旦，如今則是被逐出黎巴嫩。

但這些離開和到達從不是一清二楚。我們有些人離開，有些人留下。所以，我們有些人是殘留者，有些人是新住民，有些是舊住民。有兩大意象可以縮影我們懸而不決的存在狀態。一是身分證明文件（護照、旅行證

小菜園和用零碎雜物搭成的稻草人，1979 年，貝爾謝巴一處貝都因人營地附近。

件、通行證等）：在這些文件上，我們總不被算作巴勒斯坦人，總是被算作別種人。**就像戴爾維什的民族詩歌〈身分證〉**（Bitaqit Hawia）**裡說的：「記下來！我是個阿拉伯人／沒有名字、沒有頭銜／是一個國家裡的病人／招人怨怒。」**另一個意象出自哈比比（Emil Habiby）那部別出心裁又亂糟糟的卡夫卡式怪異小說（這書如今儼然已成了民族史詩）。書中的主角「樂天悲觀主義者」（al-mutasha'il）既活在此時此地又不活在此時此地，部分是歷史的產物，部分是虛構的產物，既滿懷希望又不抱希望，是人人著迷的對象又是代罪羔羊。這個角色是虛構的嗎？還是說正因為作者極盡誇張之能事，反而讓他的主角更能夠象徵我們根本的生存狀態？哈比比把「樂天」和「悲觀」兩個字眼結合的做法並不特別新鮮，因為許多巴勒斯坦人都喜歡把兩個反義詞結合成新詞（如把 la〔不〕和 na'am〔好〕湊成 la'am），但他這樣做是不是想暗示，我們明明無法泯滅差異，卻又非得把這種態度整合到生活裡不可？

⁘ ⁘ ⁘

哈比比是個桀傲不馴、絕不妥協和反諷得讓人望而生畏的作家。出生於海法一個基督教家庭，他是共產黨的堅定支持者，當過長時間的以色列國會議員、記者和主編。他那部關於「樂天悲觀主義者」（這角色的名字湊巧也叫薩依德）的小說極度混亂，因為它把不同的時間、角色、地點混

1979 年，迦薩地帶。雇用難民當勞工的農場。

Carmel

在一起，把虛構、寓言、歷史和直接的政治宣言共冶一爐，宛如一座毫無線索的迷宮。另一方面，正因表現得極端紊亂和嘲諷，它是迄今為止最上乘的巴勒斯坦人文學作品。書中不少人物的名字都有弦外之音。例如，女主角友阿蝶（**Yuaad**）的名字就是「必然重複」之意，意味著我們歷史上的連串失敗是必然的歷史重演。另一個角色叫伊斯姆．貝瑟恩賈內（**Isam al-Bathanjani**，意謂「茄子」伊斯姆），是個一心想幫忙薩依德的律師，而雖然幫不上多少忙，他就是一再出現。巴勒斯坦的茄子也是一再出現。我的家人（特別是我爸爸）一直對拜提爾（**Battir**）出產的茄子念念不忘，以致後來有許多年，每逢覺得一種茄子好吃，都會說：「幾乎就跟拜提爾茄子一樣好味道。」

如今，每當我回憶起這首對拜提爾茄子的煩人的讚歌，或每當我在倫敦或巴黎看到產自雅法的柑橘或產自迦薩的蔬菜（同樣的東西我年輕時見它們在果園和菜園中成長，而現在卻是由以色列的出口商經銷），我都會有不勝今昔的慨嘆。昔日，巴勒斯坦的生活是何等富足，但如今，那裡的土地和農民都只能為別人作嫁，生產出的蔬菜水果註定是在別處被人消費，被歐洲人大快朵頤。精心包裝的茄子象徵著以色列的權勢，也突顯出此地的我與彼方現實之間的斷裂，突顯出我對巴勒斯坦的記憶（一些逐漸模糊的記憶）和那裡的現實情況有多麼天差地別。

耶路撒冷街角一瞥，1979 年。

耶路撒冷街頭一瞥，1979 年。

有關茄子，還有另一件更讓人受不了的事情。一九八三年八月二十四日的《主要標題》（*Koteret Rashit*）雜誌登出一篇文章，題為〈軍事政府的新命令：以色列打壓茄子〉（The New Oder of the Military Government: State of Israel Against the Eggplant），其作者費爾德曼（Avigdor Feldman）告訴我們，根據1015號和1039號法令，住在約旦河西岸和迦薩地帶的阿拉伯人凡是栽種一種新的蔬菜（例如茄子）或新的果樹，都要得到軍事政府的書面許可。違令者除了蔬菜或果樹會被摧毀，還會判處一年監禁。

二度流亡。我的出生背景是那麼的遙遠和古怪，彷彿那是發生在某個我只聽說過而不認識的人身上。我媽媽的家鄉城市是拿撒勒，我爸爸的出生地是耶路撒冷。在這些地方的照片裡，我看到同樣幾種農產品以同樣隨便的方式被擺放在同樣簡陋的木頭框子裡。走過它們旁邊的是同樣的人，他們望向同樣的海報和小擺設，心裡隱藏著同樣的祕密，追求著同樣的利潤、快樂和目標。哪個「同樣」法？對於耶路撒冷或拿撒勒，我已不剩多少可觸可感、不受時間侵蝕的記憶，絕大多數記憶都已經跟阿拉伯世界其他地方的場景混淆在一起。我說的「同樣」就是指此。

巴勒斯坦意味著放逐和喪家失產，意味著一個模糊記憶和另一個模糊記憶相混淆，意謂消極地散落在整個阿拉伯世界。所以，巴勒斯坦的故事是無法行雲流水般述說出來的。相反地，它的過去就像它的現在一般，只提供我們偶發和隨機的事件。一個男人走入一條幽靜的巷子，行將走過右手邊的小黃瓜和左手邊的番茄；一個猶太教士走下樓梯，一個腋下夾著書包的男孩飛奔而過，其他男孩無所事事，店東們在照管生意；一個掛著肩包的男人走過一面裝飾物，一個年輕人轉過街角，兩個小孩在閒晃。番茄、西瓜、商店街、小黃瓜、海報、人們、茄子：它們不單單是在彼處，而且還是被照片表象為在彼處。雖然富含著意義和記憶，但它們給我的感覺仍然非常遙遠。再仔細看看，你就會發現那海報上畫的是埃及人，發現那些裝飾物大概是韓國或香港製造的。這些場景都受到了以色列人的審查、定格和包圍。歐洲和日本的遊客要比我更容易接近拿撒勒和耶路撒冷。慢慢地，我們的生活就像巴勒斯坦本身一樣，解體成了別的東西。我們無法把「中心」長時間緊握在手中。

⁂

流亡。最近，美國舉行了一場會議，讓以色列和巴勒斯坦的知識分子進行「對話」，尋求和解之道。會中，一個聽眾站了起來，提出以下問題：「我是一個巴勒斯坦人，一個農民。看看我這雙手。我在一九四八年被踢出巴勒斯坦，去了黎巴嫩。然後我被趕走，去了非洲，再去了歐洲。然後我來到這裡。今天，我收到一封信（說著拿出一個信封），通知我離開這個國家。在座有沒有哪位學者可以告訴我：我可以到哪裡去？」沒有人回答這問題。他讓在場的每個人感到尷尬，而我也不知道他後來去向如何。慚愧。

巴勒斯坦人提出的權利要求基本上是不被世人理會的，更少會有人把巴勒斯坦人的處境看成跟以色列的建國直接相關。阿拉伯國家對我們的態度一向矛盾。沒有錯，他們是用無數的辭令、姿態支持過我們，對我們作出過無數的承諾，而這是因為巴勒斯坦畢竟是阿拉伯民族主義的中軸。第二次世界大戰以後，沒有一個阿拉伯國家的領袖不把巴勒斯坦作為自己國家民族主義外交政策的圖騰。另一方面，雖然他們（所有的「他們」）信誓旦旦，我們卻無法知道他們對我們真正的感受。我們的歷史已經讓每一個朋友付出了重大代價。它也持續了太長時間。

凱納法尼（**Ghassan Kanafani**）的小說《太陽下的人們》（***Men in the Sun***）足以反映我們的一種害怕：一方面害怕如果我們不把「他們」催促得太急，他們就會任由我們消失；另一方面又害怕如果我們把他們催促得太急，他們就會生氣，把我們踢走，或把我們轉變為只是他們國家民族主義的象徵。

耶路撒冷老城區一家冷冷清清的遊客商店。光顧它的會是美國人、瑞士人還是以色列人呢？1984 年。

《太陽下的人們》描寫三個難民躲在一輛水罐車的罐腹，買通司機，想要偷渡進入科威特。後來，去到邊界時，司機因為跟邊界守衛聊天聊得起勁，忘了車上有三個人，害他們在烈日下被活活悶死。讓凱納法尼不能釋懷的不是司機的疏忽大意，而是三個偷渡難民的默不哼聲。他問道：「為什麼你們不輕敲罐腹？為什麼你們不大力拍打罐腹？為什麼？為什麼？為什麼？」因為我們害怕催促別人。

⁂

作為商品的巴勒斯坦人。我們生產自己的方式就像是生產油燈、掛毯、籃子、織錦或珍珠母小飾物。但我們把自己轉變為商品不是為了出售，而是為了供人檢視。人們望我們的眼神就像望著展示櫥窗，他們問：「你們巴勒斯坦人到底想要些什麼？」口氣就像我們的種種需要可以用一句話簡單說清楚。當然，碰到這樣的問題，我們一律會回答說，我們想要「回歸」（awdah）。但我們所謂的「回歸」究竟何指？是字面意義的「回歸」嗎，還是說我們想要的是「回歸到真正的自己」？其實，後者才是真正要緊的，哪怕我知道，許多巴勒斯坦人所渴望的是回到從前的房子，回到從前的生活。然而，在累積了那麼多的記憶和經驗以後，還有任何地方是完全適合我們居住的嗎？

1979 年，耶路撒冷。

我們真的存在嗎？有什麼證據可以證明我們存在？

離開作為我們過去的巴勒斯坦愈遠，我們的地位便愈是岌岌可危，我們的存在便愈是碎散，愈是斷斷續續。我們是什麼時候開始成為「一個民族」的？又是什麼時候開始不再是一個民族的？還是說，我們正處於形成一個民族的過程中？這些大問題又跟我們與彼此、與他者的親密關係有何相關之處？我們常常在書信結尾寫上「巴勒斯坦人的愛」或「巴勒斯坦人的吻」一語，但真有巴勒斯坦人專有的親密關係或擁抱嗎？還是說它們只是一般的親密關係和擁抱，是世上每一個人都可經驗的，既不包含政治

一家沒有宗教色彩的中學，其學生來自鄰近的三十六個村莊。1979 年，加利利（Galilee）的拉瑪村（village of Ramah）。

意涵，亦不專屬某個民族所有？

⁂

這個問題的政治意涵和我們的核心兩難處境息息相關。我們都知道我們是阿拉伯人，但阿拉伯主義（Arabism）的概念（其追求的是一個不受帝國主義欺凌、統一、受尊重和強大的阿拉伯民族）卻正在快速消失中，被各個阿拉伯國家狹隘的防衛性心態所逐漸瓦解。這些國家各有各的傳統（部分真實，部分虛構），各有各的國族認同。另外，在巴勒斯坦，以色列為維繫其排他性的自我認同，不惜犧牲我們，把我們說成只是客居者，只是外來者。在阿拉伯國家，我們又是另一種處境。在那裡，我們固然是阿拉伯人，但國族化的過程又把我們排除在外：埃及是埃及人的，伊拉克是伊拉克人的。所以，我們跟其他阿拉伯人既相同又不相同。我們只能以阿拉伯人的身分活著，但其他「阿拉伯人」卻是以黎巴嫩人、約旦人、摩洛哥人、科威特人等等的身分活著。

讓問題更複雜化的是我們又要努力維繫自身的統一性。明乎此，你就知道我們的身分有多**抽象**，感覺有多孤單和獨一無二。

不過，只要撕下偶爾會過分自信和尖刻的態度，你也許可以窺見另一種巴勒斯坦人的身分意識：這種意識要飄忽得多，但卻更美麗，也更細緻。

它用來說話的是一種未完全形成的語言，處身的是一個還未完全固定的環境，就像本頁照片中那個小女孩：她靠著爸爸大腿，神情靦腆，用好奇和試探的目光打量那個為她拍照的陌生人。她的目光讓人聯想起那個不受歡迎的小生命，它毫無準備地被誕生在黎凡特的田野，一開始只有稀薄的自我，卻註定要飽受軍事與政治暴力的蹂躪，並不斷被最深奧難解的一神教奧義糾纏不清：基督的復活與再臨、先知穆罕默德的昇天、耶和華與其選民的立約。

1984 年，安曼一家小兒科診所。

一個世俗的世界，疲憊不堪又奇蹟似地充滿重生的活力。那也是一個美國香煙的世界，一個小紙張如雪片般滾出的世界。這些小紙張的來源雜七雜八，以廉價筆書寫，內容或是拜託遠方親友寄我們短缺的東西，或是打聽某個

一個女難民在寫信給她被關在安薩（Ansar）的丈夫。1983 年，南黎巴嫩的錫登（Sidon）。

失蹤者的下落，或是向當局請求些什麼。這就是巴勒斯坦人的困境：需要在一個不留餘地給他們的系統裡找出餘地。這意味著，不管是尋找失蹤的親人、安排旅行或為子女申請學校，我們都得想出變通辦法才有指望，手邊有什麼紙張便用什麼紙張寫下請託內容。建構與瓦解，我們與之打交道的對象總是變動不居，因為我們並不擁有世界的任何部分，而且只能對一個愈來愈小的部分發揮影響力。但不管怎樣，我們還是鍥而不捨。

巴勒斯坦散文和小說的最突出之處是形式的極不穩定。我們的文學在極狹義下是捉摸不定的，總是竭力抗拒它所設法去表象的真實。評論巴勒斯坦人的作品時，大部分以色列和西方的文評家喜歡聚焦在內容，著重於討論角色的描寫、故事的情節，以及作品的社會和政治意涵等。然而，真正該注意的其實是這些作品的**形式**。尤其是在小說裡，我們的作家都努力想要建構出一個一貫的場景，費盡力氣要克服表象當下的不可能性。這是任何典型巴勒斯坦作品都會有的特色，同時源自主角困境與作者困境的驅使。在凱納法尼的《太陽下的人們》裡，大部分情節都是發生在一個塵埃飛揚的伊拉克小鎮，那裡，三個巴勒斯坦男人懇求一個「偷渡專家」幫他們偷渡進入科威特，雙方討價還價了好一陣子。三個巴勒斯坦人必須為自己的生存闖出一條路，因為在他們的人生裡，生存並不是天經地義的。就像他們離開的那片土地的歷史一樣，他們的人生在獲得成熟和自我實現前便被打亂掉。所以，三個人都必須丟下家人和責任，去回應當前的緊急需要。凱納法尼使用的句子本身就是不穩定和擺動的：現在時態常常會受制於過去的回聲，視覺動詞會被聽覺動詞或嗅覺動詞所壓倒，一個意義會交織著另一個意義——這一切全都是為了抵抗嚴苛的現在和保護某些備受珍愛的過去的碎片。因此，那三個在太陽底下岌岌可危的偷渡者複製了作者自己岌岌可危的身分，兩者互相呼應迴響。

所以，我們典型的模式不是一氣呵成的場景，而是破碎的敘事、碎片

艾希韋（Ein-el-Hilwè）的一處難民營，1983 年，南黎巴嫩的錫登。摧毀、重建、再摧毀是巴勒斯坦人居所的宿命。

般的結構和自覺上演的證言。在其中，敘事的聲音結結巴巴，老是會被自己的責任和局限性所絆倒。

* * *

每個巴勒斯坦人的結構體都呈現為一座潛在的廢墟。哀悼值得自豪的所在（祖宅、村莊或城鎮）變成廢墟或被人佔去的主題在我們的文學和文化遺產裡比比皆是。每一棟新房子都是一件替代品，而且隨時準備好被另一件替代品所替代。這些地點有私人的（我朋友塔爾布什〔Mohammed Tarbush〕曾細細描繪過他家鄉拜特納提〔Beit Natif〕的美——那是一個位於伯利恆附近的村莊，在一九四八年被以色列的推土機夷為平地；塔爾布什如今住在巴黎，他寡居媽媽則住在約旦的杰拉什〔Jarash〕），也有公共性的廢墟遺址：代爾亞辛（Deir Yassin）、特勒札塔爾（Tell el-Zaatar）、比林姆和伊克達（Birim and Ikrt）、艾希韋（Ein el-Hilwé）、薩卜拉（Sabra）和夏蒂拉（Shatila）等等。很奇怪的是，就連「巴勒斯坦」本身看來也是這一類廢墟之一，因為不少人早在二十世紀早期的雜誌、文章和文學作品裡為它寫過祭文：在納瑟（Halim Nassar）、達爾瓦澤（Ezzat Darwaza）、貝代斯（Khallil Beidas）和阿里夫（Aref el-Aref）的作品裡，巴勒斯坦的毀滅早被預言過。

* * *

所有文化都會編織出自己一個區分「自己」（self）與「他」（other）的架構。「我」是主體，代表的是本土的、真實的和熟悉的，「它」或「你」是客體，代表外來的、不同的、陌生的，往往也是有威脅性的。從這種二元對立產生出一系列的二元對立：英雄與怪物、開國元勳與野蠻人、傑作和垃圾作品。這種二分法好的一面表現在民族的自我認同和愛國主義，差勁一面表現在粗糙的沙文主義、仇外情緒和排他主義。在巴勒斯坦人的文化裡，一件怪事是他們的身分認同常常包含著自視為「他者」的成分。巴勒斯坦對「他者」來說太重要了，以致巴勒斯坦人無法不在把巴勒斯坦視為屬於他們的同時，又意識到它對「他者」攸關重大。所以，巴勒斯坦雖然是「我們的」，卻又不完全是「我們的」。在一九四八年以前，不管對阿拉伯民族主義還是錫安主義運動（即猶太復國運動）來說，巴勒斯坦都具有核心重要性。一九四八年以後，還住著阿拉伯人的巴勒斯坦部分被貼上一個標籤：一個猶太國家裡的「非猶太」部分。就連一幅阿拉伯城鎮的照片（如我媽媽出生地拿撒勒的照片），都可能會表達出這種異化的觀點。因為是從拿撒勒外邊拍攝的（事實上是從上拿撒勒〔Upper Nazareth〕拍攝，那是建築在拿撒勒四周山丘上的猶太社區），這照片讓巴勒斯坦顯得是個「他者」。我從未到過拿撒勒，這照片是我對它的唯一印象，但在照片裡，

（上）從上拿撒勒看到的拿撒勒阿拉伯城區，1979 年。

（下）一個國際紅十字會人員從難民手中收集資訊，1979 年，南黎巴嫩的提爾。

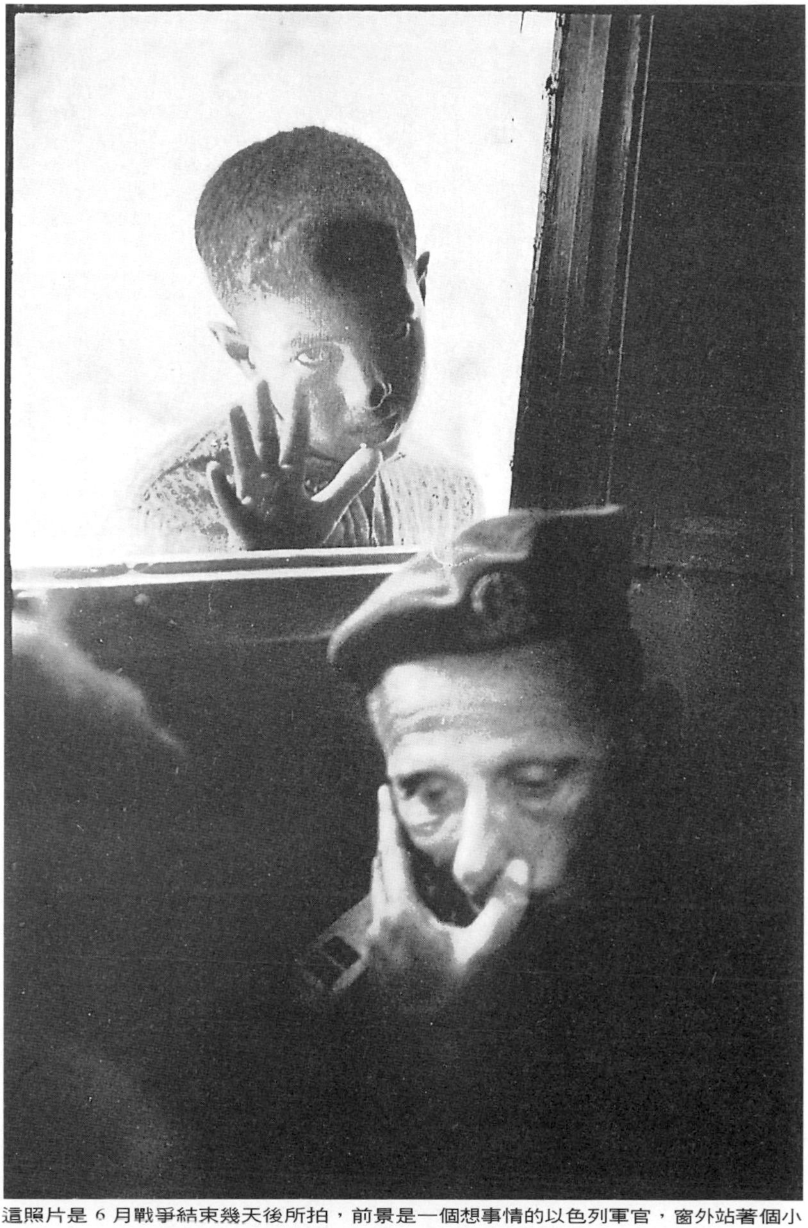

這照片是 6 月戰爭結束幾天後所拍，前景是一個想事情的以色列軍官，窗外站著個小村民。1967 年，拉馬拉附近的卡蘭狄亞（Kalandia）。

拿撒勒卻是一個從「外面」被看到的「他者」。

就這樣，裡面人（insider）變成了外面人（outsider）。我們與巴勒斯坦的種種阻隔不但與日俱增，更糟的是，我們大部分人的生活也被彼此分隔開來。不過，儘管障礙重重，我們仍設法相互溝通。今日，巴勒斯坦人的才智表現在種種跨越阻隔的活動上，它們雖然未能減少我們異化、不連續和喪家失產的狀態，卻讓這些狀態得以放大和釐清。在著名詩歌〈二十種不可能〉（The Twenty Impossibles）裡，札耶特提醒我們，有許多事情是不可能的（包括「在銀河上抓魚，在海裡耕種，教鱷魚說話」），但這些事並未比要我們放棄巴勒斯坦人的身分更不可能。雖然以色列以無可比擬的軍事與政治力量宰制我們，但我們就是不肯屈服。以色列用盡各種辦法否定我們的存在，但這反而會啟人疑竇：它為什麼要那麼大費周章否定一些根本不存在的東西？不管怎樣，我們就像錄事巴多拜（Bartelby the Scrivener）⑤一樣，堅持說「不」，堅持不離開、不放棄巴勒斯坦。

可以證明我們已經獲得小小成功的，不在我們已經重獲舊家園，或是得到了一個新的家園，而在於有一些以色列人願意考慮跟我們分享生存空間。這種可能性，在阿拉伯人和以色列人敵意深重的今天雖然顯得有點烏托邦味道，卻不無現實基礎：大多數巴勒斯坦人都親自體驗過，有些以色

以色列左翼知識分子與阿拉伯知識分子的一場對話，1979 年，耶路撒冷。

列人願意越過藩籬，以最人性的方式對他們伸出援手。包括有些勇敢的以色列律師，曾經為巴勒斯坦的政治犯辯護，有些則曾經設法限制以色列政府，對巴勒斯坦人進行土地兼併和施加集體懲罰。對巴勒斯坦人表現出同情心的以色列獄警或軍官亦不在少數：誠如塔阿馬利（Salah Ta'amari）告訴我們的（他是以色列入侵黎巴嫩期間被關在安薩監獄的巴勒斯坦囚犯領袖），有一位獄警曾經阻止同僚對囚犯施暴。另外，有許多以色列或非以色列的猶太人都曾經為巴勒斯坦人仗義執言，其中最突出的幾位是謝哈克（Israel Shahak）、采厄馬爾（Leah Tsemal）、蘭格（Felicia Langer）、杭

1984 年，安曼的巴克阿難民營（Baqa'a camp）。那是約旦歷史最悠久的難民營之一，有著一些由女青年會創辦的幼稚園。

士基（Noam Chomsky）、史東（Izzy Stone）、伯格（Elmer Berger）和皮萊德（Matti Peled）。他們的良知和信念都極其堅定，面對最惡意的中傷亦毫不動搖，讓人深感敬佩。

我們巴勒斯坦人（其實以色列人也是如此）很少有機會能夠靜下心來學習，不受我們浸淫其中的深重仇恨所波及。即便沒有巴勒斯坦人和錫安主義者之間的鬥爭，我們仍然會面臨宗教的壓力、意識形態的壓力、家人的壓力、同儕的壓力和國人的壓力。這些壓力的每一個都刺戳和驅策著我們，從童年一直驅策到成年。

在這樣的環境中，學習成了一種偶發的、混種的活動，備受我們時代各種無法化解的對立所包圍。兒童都充滿好奇、精力充沛又不知要把精力導向哪個方向，所以最是容易引起教會和國家這兩種監護力量的插手。幸而，人的創造性衝動總會在每一種人類活動裡自我肯定，而教室、遊戲場或家庭裡潛藏的學習機會不是教會或國家可以完全阻塞住的。即便是桌椅排列得整齊的教室，即便是由天主教修女主持的學校，即便是規矩坐成一圈的背書課堂，一樣可以是跳脫權威影響的學習機會。在這些受到約束的環境裡，小孩照樣會東探索西探索，他們的身和心照樣會在時間和空間裡遊蕩。小孩有不服從既有模式的天性，正因此，哪怕老師是虔誠的穆斯林，照樣有小孩擅自離開桌子，擾亂秩序，尋求未被想過的可能性。這當然會帶來老師和學生的緊張關係，但關係緊張總勝過消極的融洽，總勝過對權威不加抵抗的順服。

每發生一次巴勒斯坦危機，世人都會希望有一個即時解決辦法。我們的對談者、我們的「他者」（阿拉伯國家、美國、蘇聯、以色列）都有自己的國家，有各種制度機構可以滿足各種需要，不必被「存在或不存在」（existence-or-not）的問題困擾；反觀我們卻是活在一把懸頂之劍之下，老是要面對一個質疑：「你們巴勒斯坦人幾時才會願意接受一個解決方案？」言下之意便是，若我們拒絕接受一個解決方案，我們就會消失。這真是我們的午夜時刻。

我們很難說得準，這種對我們無休止的催促（就像決定權是操之在我們！）有幾分是為了惹惱我們，又有幾分是出於同情心和無知。對於這種催促，我不認為我們的反應比從前（比方說五年前）更沒有耐性。沒有錯，我們當今的集體處境是比那時還要不堪，但我卻感受到我們普遍變得沈潛，就像是打算先把巴勒斯坦人還剩下的碎布給收拾集中起來再說其他。那不是一種沈默主義，也不是認命的表現。相反地，那是一種本能反應，是在太多衝擊接踵而來的時候往後退一步，以便可以咀嚼一下真實生活的滋味，

1984 年，耶路撒冷。

以便有餘裕可以重新思考我們是怎麼會身不由己地被推到目前的境地。

三個人在聊天，背景是一片濃密而多層次的景物——摩爾這照片很能道出我們每逢能從一個意識形態飽和的世界抽身時的感受。照片拍攝於拉馬拉附近，裡頭一共有四個人，他們被茂密的樹叢圍繞，但沒有被樹叢遮蔽。照片中還看得見一道樓梯、幾層平台和三兩間房屋。最右手邊是一根孤伶伶的電線桿。就像是一次普魯斯特式（Proustian）招魂，這照片歷歷在目地喚起我的一段回憶：一九四二年夏天（當時我六歲），我隨父母在拉馬拉一棟租來的房子小住。我爸爸那時患有高血壓，而且才從一次精神崩潰慢慢康復，終日鬱鬱寡歡，不

1979 年，塞耶（Senjel）附近。塞耶是位於拉馬拉和納布盧斯之間的村子。

停抽煙。有一天，媽媽帶我去朋友的學校觀看雜耍表演。下半場的時候，我因為上廁所而走出禮堂，然而，等我要回去時，禮堂門口的童子軍出於我至今想不透的理由，不讓我再次入場。一下子之間，我被隔離於我熟悉和感到愉快的人事物（媽媽、朋友、表演），感覺無比悽苦，第一次認識到何謂分離、孤獨和極度無聊。我無可奈何，只好站在門口等待，幸而媽媽沒多久便出來找我。我們馬上離開，臨走前，我從門上的小窗瞄了燈光通明的舞台一眼。宛如太空望遠鏡裡的景象，我看到的是一些在一個孤立封閉空間裡活動的小人兒。這景象在我心裡留存了四十多年，然後在摩爾攝於一九八三年的照片裡再次出現。我後來沒有再敢去拉馬拉的那一帶，對它的認識也不比照片中的地點多。但我卻肯定，如果現在再去那裡，我一定會感到熟悉，一如這照片中的景物在我看第一眼時便感到熟悉。

我的過去就印刻在這片安詳但有點耐人尋味的田園景致的表面。我不是唯一觀察這場景的人。出現在照片左邊的小孩也在觀察，那個來自瑞士的攝影師（他有好奇心、同情心又沈默）也在觀察。還有無處不在的以色列安全人員，他們以佔領的方式把持著約旦河西岸的土地與人民。照片中那道樓梯和一層層平台引人沈思：它們是日常活動的場地嗎，還是說它們是監獄裡（比方說皮蘭納西監獄）的樓梯，並不通向哪裡，只是作為禁錮它們的人類俘虜之用？照片左右兩邊的濃密樹叢用它們的厚實構成了照片的框架，但它們同樣衝擊著那被它們包圍在其中的單薄生活，因為它們就像我們的記憶和歷史一樣，錯綜複雜得無法梳理，比照片的主題還要大，也比任何觀察它們的意識要豐富許多。

照片中的高壓輸電網讓人聯想起的黎波里的賓士轎車。它是未被同化的，但它的現代性和威力卻是我們每個住在第三世界的人都可以強烈感受得到。另一個童年記憶：每次從埃及前往巴勒斯坦，穿過西奈沙漠時，都可以看到連綿不斷的電話線和電線桿，陪伴它們的只有碎石鋪成的空蕩蕩公路和兩旁更空蕩蕩的沙漠。有時我會思忖：他們是誰？我們不在的時候，他們都在想些什麼？有一次，中途下車休息伸展手腳時，我在一根電線桿上刻下我的姓名縮寫，希望回程時會再遇上它。但回程路上我們沒有停車休息，而每根從車窗掠過的電線桿看起來都一模一樣。我自己也從未開車去過那裡（現在這種事更是變成不可能）。所以，我想讓自己在那片地景留下印記的努力只是枉費心機。

私密的記憶和當代的社會現實，看來是可以透過那小孩和三個大人之間的過道加以連接的。那個小孩沈浸在私人和靜寂的空間裡，那三個大人則代表著成年人的世界、工作的世界、溝通的世界。儘管如此，那空間仍

門口。1983 年，伊爾比德（Irbid）附近的杰拉什難民營（Jarash camp）。

然是個空洞的空間，多沙多石而雜草叢生，需要花費許多氣力去維持。整幅照片的力量戲劇性地從照片的左手邊移動到右手邊，從看得見的家居世界（樓梯、房屋、平台）移動到一個看不見的、更大的世界（力量和權威的世界）。我好奇那四個人是不是真正有關聯的，還是說他們只是湊巧被那股不關心他們死活的力量推在了一起。所以，這照片也可以被解讀為預示著即將來到的荒蕪，讓我不能不再一次對巴勒斯坦人處境的無常、脆弱感到悲哀。不過，另一種運動、另一種感覺卻對我的悲觀作出了回應，它是由房子兩個顯著的入口所引動。它們意味著更裡面是一個豐盛、涼爽的室內空間，而那是外人無法進入的。讓我們走進裡面去吧。

註釋

①地中海東部一帶，主要指巴勒斯坦、黎巴嫩、敘利亞、約旦和伊拉克。
②「朱迪亞和撒馬利亞」是古代猶太人對約旦河西岸一帶的稱呼，以色列恢復這個舊稱，是為了突顯約旦河西岸自古為猶太人領土。
③作者在這裡是描述右頁兩張照片給他的觀感。
④著名猶太裔德國哲學家、神學家。
⑤梅爾維爾（Herman Melville）小說《錄事巴多拜》的主角。

2

裡面

INTERIORS

「裡面人」（min al-dakhil）一語在巴勒斯坦人的用法裡有著特殊的言外之意。首先，「裡面」指的是以色列境內那些還住著巴勒斯坦人的地區，所以，直到一九六七年為止，「裡面人」都是指住在以色列境內的巴勒斯坦人。一九六七年之後，它的意義有所擴張，兼指住在約旦河西岸、迦薩地帶和戈蘭高地的巴勒斯坦人。然後，自一九八二年起，它又兼指住在南黎巴嫩的巴勒斯坦人（和黎巴嫩人）。「裡面人」一語的最特殊之處，是它的價值內涵經歷過變化。我記得，晚至一九七〇年代初期，以色列的巴勒斯坦人都被視為特殊的一群，是我們這些以流寓者或難民身分寄居外地的巴勒斯坦人所信不過的。在我們看來，他們都是帶有以色列的烙印，所以已經變質（這些「烙印」包括他們的護照、他們學習過希伯來文、他們甘願跟猶太人生活在一起的事實，以及他們把以色列視為一個真正的國家而非「錫安主義實體」等）。他們不像我們那樣是住在阿拉伯世界裡的阿拉伯人，不像我們那樣會隨著阿拉伯民族主義的興衰而狂喜或哭泣，不像我們那樣不受帝國主義與錫安主義的宰制。總之，他們是在一個貶義下有別於我們的。

如今，我們仍然認為他們不同於我們：比我們要得到老天厚待。這些人雖然生活在邊緣處、槍口下和圍欄內，但他們卻是已經「回到」了巴勒

門口，加利利的沙法阿姆村（Shafa'amr），1979 年。

斯坦，而且擁有一種我們「外面人」所沒有的雍容。確實，自一九七〇年開始，我們的「外面」史和「流亡」史便變得異常失敗，愈來愈不被老天祝福，愈來愈怪里怪氣、去中心化和異化。我們先後在約旦、黎巴嫩、敘利亞和埃及失去了落腳點。當然，巴解組織得到了世界一百多個國家承認，而聯合國也有厚厚一疊的決議案為我們背書，但這一切都無助於我們的低下處境。如今，我們誰也不會對自己的地位存有幻想，知道自己的身分只是棄兒，失敗到了最高點。看一看資產負債表，我們的處境有多麼不堪便一目了然：「負債」一欄滿是屠殺、驅逐和降級，「資產」一欄卻幾乎一無所有。換另一個比喻來說便是，我們不但牆上寫滿凶兆，還連哪些凶兆是說啥亦看不太懂①。

所以，兩相對照之下，住在「裡面」的人反而要顯得更勝一籌：他們親歷了以色列的暴虐統治，不像我們只會空談錫安主義有多野蠻，也不用像我們那樣要飽受其他阿拉伯兄弟不疼惜的關懷。值得指出的是，雖然巴勒斯坦人反抗運動核心如今是在「裡面」，但直到一九八二年以色列入侵黎巴嫩以前，反抗運動的大本營都是在「外面」。

「裡面」的第二個意義要略微複雜一點。它意指「圈內」，指被團體成員間團結之牆保護著，以及我們四周強大力量所創造的敵意所包圍著的空間。舉個例子，如果兩個巴勒斯坦人在德里或倫敦碰到面，那麼，只要經過一兩分鐘交談，而且無須明確的答問，他們便可以知道對方的原居地、職業種類、政治信念和價值體系——這一切都是透過特殊的遣詞用字、字尾變化和重音位置來傳達，也只有巴勒斯坦人自己才聽得出來。然而，身在「裡面」也意味著身在「外面」的那個你不是真正的你：你是必須參與到外部世界和使用外部世界的語言，你雖然是使用「他們」的代碼，但卻是要傳達很不同的意義。問題是，「裡面」只能是裡面的，是私人的，無法對任何人講清楚，甚至無法對同伴講清楚。祕密語言事實上存在於大部分社會。在阿拉伯的傳統裡，它幾乎總是染上宗教（伊斯蘭教或基督教）色彩，而且比大部分東方主義者（或外部人）所相信的還要複雜細密。正因為這樣，雖然今日所有巴勒斯坦人都相信「回歸」（awdah）是我們最重要的政治追求，但不同的巴勒斯坦人對這個詞的涵義卻有不同的理解：有些人認為那意謂我們應該建立一個與以色列並存的巴勒斯坦人國家，有些人則認為它意謂我們該奪回所有巴勒斯坦土地。

弔詭的是，這個意義下的「裡面」乃是一個你無法控制的處境，哪怕是你發展出特殊語言之後仍無法確定掌握的。「裡面」是這樣一個結構：它讓你享有特權的同時又讓你受到折磨，就像是被圍困在自己的房子裡。

巴勒斯坦青少年把強身健體看作頭等大事。拉馬拉（Ramallah）北部一個難民營，1979 年。

想要接通裡面與外面的唯一法子是打開一扇門，但那也等於是提供了一條外人可以進入的途徑。所以，雖然我們是住在自己的世界裡面，卻無法阻止別人進入，偷聽我們說話，破解我們的密碼，侵犯我們的隱私。這就是巴勒斯坦的歷史：從十字軍到包爾福（Balfour）②到魏茲曼（Weizmann）③，別人都無視我們的存在，逕自闖入，逕自住下。

面對這種事情，我們採取的對策是設法習慣跟外人比鄰而居，然後不斷重新界定「裡面」的哪些部分是屬於我們。我們本來就是一個愛說隱語的民族，加上我們的「裡面」總是多少受到外人（包括以色列人和阿拉伯人）的佔據和搞亂，所以，為了彼此溝通，我們便發展出一套迂迴曲折的說話方式。然而，在我看來，這套說話方式是那麼的神祕兮兮，以致連我們自己都被搞糊塗。

崇拜肌肉強壯就是一個例子。迄今很長一段時間，練健身、空手道和拳擊的風氣都在巴勒斯坦的青少年間非常盛行。顯而易見，這是一種弱者飽受強者欺凌的自然反應。然而，這種崇拜又不只是為了「讓我們變得強壯」，還包含著招引別人注意的動機，幾乎就像是繡在我們日常生活表面的一片刺繡。那是一種宣示自我的方法，是一種對雞毛小事不計較有沒有實際作用的堅持。在外人看來也許是無比愚蠢，但對我們來說，它卻儼如是一個得分的機會，哪怕我們憑此得到的分數是小到幾乎看不見的。

以下一件事情可以說明我的意思。我一位朋友（一位著名歐洲作家）和太太曾經在耶路撒冷的大學講學六星期，她太太後來寫信告訴我，他們在耶路撒冷期間只碰到過巴勒斯坦人兩次，一次是在大衛街的一家刺繡商店，而這正是她寫信給我的原委。她說，在討價還價的過程中，店老闆表示讀過我的東西而且敬佩我（我相信，店老闆會說這個，是因為我朋友的太太不經意提到她認識薩依德）。然後，店老闆用阿拉伯文在一張小紙條寫下些什麼，託她轉交給我。我那位朋友又告訴我，店老闆竭力向她強調巴勒斯坦人在各方面（智力、武術和經商能力等）都比其他阿拉伯人優越，還用了以下這句話突顯巴勒斯坦人的優越性：「我們是阿拉伯世界裡的猶太人。」我朋友表示，店老闆說的話「極為迂迴曲折，我（她）並不是完全聽得懂。」這不奇怪，因為「迂迴曲折」正是巴勒斯坦人的典型說話方式，更何況當時她身邊還有一位以色列朋友陪著。

那麼，店老闆要傳達給我的信息又是什麼呢？我承認，打開小紙條的時候，我是有點興奮，也對自己受到一個遠在天邊的人敬重感到得意。紙條的抬頭（我的名字）以英文字母拼寫，接著是五行阿拉伯文，告訴我他是空手道高手，曾「以巴勒斯坦的名義」參加過世界空手道大賽。就這麼

巴士站，1979 年，耶路撒冷。

多。他是要向我自吹自擂嗎，還是在開玩笑？都不是。那是典型巴勒斯坦圈內人的溝通方式，聊聊數語便向我傳達了許多信息。他用英文拼寫我的名字，是要表示他對我生活的世界並不陌生，而且要提醒我，他一直有在注意我們這些紀錄並不是太好的西化知識分子的表現，表示他基本上對我們這些「薩依德們」是嘉許的，但又不無戒心。至於他會強調自己空手道了得這一點，在我看來又是巴勒斯坦人不厭其煩地宣示自我的一種表現。他已經向我的朋友表演過這一套，預期她會向我轉述；現在他再向我表演一次，知道我必然會轉述出去。我也真的這樣做了。

我們這種宣示又因為各個散居地的各種宣言和證詞的交織而擴大，持續不斷地放送，到了一種足以讓人麻木的程度。在外人看來，這種自我宣示是徒勞的，因為它們沒完沒了卻從未產生過什麼新東西或說明某些自身之外的事情。但在我看來（一如在其他過著流寓生活的人看來），這些在巴勒斯坦或阿拉伯世界（它比柏林或紐約要接近「裡面」）所發出的宣示雖然有點空洞，卻是讓人安心的，而這種重複行為的本身要比被重複的內容還重要。就像那位空手道高手知道的，在嚴格不斷的重複中，我們雖然走不出去，卻可以輕易把它轉化為別的事物的象徵。鍛鍊空手道不是為了強身，而是為了表現自己是一個巴勒斯坦的空手道高手。看起來，這種重

傑寧（Jenin），1984 年。

複的目的是為了防止我們小覷或完全忽視自己，以及防止別人如此對待我們。

強迫症似的重複衝動遍見於所有階層的巴勒斯坦人家庭，表現在家家戶戶的室內裝飾。我們鋪排在餐桌上的食物或環繞室內中心空間進行的飲食儀式千篇一律得讓人發瘋。為了表現好客，我們總是準備超多的食物，份量既超過客人吃得下的程度，也超過主人負擔得起的程度。只要哪裡有巴勒斯坦人，哪裡就會有好客的主人，有大量的食物，擺設著同樣的裝飾品（奧瑪清真寺的小模型、鑲嵌珍珠母的盤子、小小面的巴勒斯坦旗子等等）。當然，這些東西是為了向你證明你是在一個巴勒斯坦人家裡作客，但又不僅止於此。那是一個更大的重複模式的一部分，是連我這種被認為是自由派而世俗的人一樣會參與到其中去的。我們老是用各種東西（餐桌的布置、起居室的家具、小擺設、照片）把「裡面」給重新創造出來，然而，這些東西總又適得其反地照映出我們的生活存在著一個根本裂口。如果你仔細看眼前事物，便會看出總是有哪裡不對勁，總是有哪裡不協調：例如照片總是被掛得太高，而且往往是掛在顯得隨意的地方。我們總是因為東西太多而少了些什麼。換言之，我們生活的裂口不是一種悲劇性的呈現，而是表現在滑稽的混亂狀態：太多照片、太多裝飾品、太多奉客的菜

的黎波里的班達維難民營（Badawi camp），1983 年。

餚。在我身上，這種「重複」和「比例失當」的傾向表現在我出遠門時（我常出遠門）總會帶太多東西，而其中有許多是用不著的。每次這種事發生，「重複」都會引入一個幾乎看不見的變奏。我相信，我們每個人都可以在自己或他人身上發現這種模式。

因為存在著這種相似（但又有著無限多無限小的變奏）的不平衡模式，所以巴勒斯坦人的室內空間最終一定會吸引到外在觀察者的注意（例如摩爾就受到吸引）。然而，我懷疑它的深層原因不是容易解釋得了的。對，巴勒斯坦家庭室內空間的累贅、不對稱性、斷然的反美學效果和溝通的不穩定性看來是象徵著流亡：流亡在家鄉、過去和一個真實的家之外。然而，這一類重複還述說著另一個問題。

巴勒斯坦是個小地方。它同時亦難以置信地擠滿不同民族的腳跡和權利要求。它的遺產不只包含征服與重新定居，還包含著對歷史的重新挖掘與重新詮釋。古典歷史學家鮑爾索克（Glenn Bowersock）正確指出，這些詮釋的目的是「把一個基本統一的地區給蓄意地碎裂化」。因為是研究前錫安主義和前伊斯蘭教時期巴勒斯坦的專家，鮑爾索克遂可以看出，自亞歷山大大帝駕崩到伊斯蘭教來到的一段期間，中東地區雖然充滿衝撞和推擠，但這裡「存在過一個阿拉伯人國家，後來又出現過一個面積更廣袤的巴勒斯坦人國家」。

不過，隨著十九和二十世紀一支支外來人口大軍來到巴勒斯坦，它原有的廣袤性消失了。這地方變得難以想像的分裂、稠密和混亂。如果把各個在這裡住過的民族的傳奇、勳章、聖像和行走路線全描繪在一幅巴勒斯坦的地圖上，你將發現再無空間可以留下來顯示地形。愈後到的人愈排他，愈猛力地要趕走和壓制其他人。此外，每一種權利主張都編造出自己的傳統、自己的世系，從而帶來了更多的偏差、競爭和混亂，讓本來就擁擠不堪的地圖更是沸騰著兇猛的敵意與恨意。

掛在擁擠牆壁上的一幅照片。1984 年，拉馬拉。

我們也喪失了空間感。我們不再把巴勒斯坦視為「一個面積廣袤的巴勒斯坦人國家」，而是視

拿撒勒（Nazareth）老城區的一間公寓，1979 年。

之為一片狹小、極端擁擠、不斷把我們往外推的土地。我們每一個保持巴勒斯坦人身分的努力都是一種回到那幅地圖上去的努力，都是要幫助那些顫危危的「裡面人」站穩腳步。這是一種世俗的努力（我們近期政治史的大部分奮鬥皆是如此），而我要強調，宗教考量是次要的，是結果而不是原因。但那幅地圖就像那片土地本身，也像我們房子的牆壁那樣，早已極擁擠而混亂，以致我們必須學會怎樣生活在這樣人滿為患和一再被改造的空間裡。我們完全不是創新者，反而是後到者，追求的只是一種在二十世紀晚期的今日，人人皆有的自決權（就連福克蘭群島的島民都起碼在法理上擁有這種自決權）。所以，我們只是在做每個人都在做的事，毫無新鮮之處。我們的努力儼然是給滿是裝飾的牆面加上裝飾。

每一條通向「裡面」的直接路徑不是受到封鎖就是受到霸佔，結果是「裡面」本身也受到封鎖和霸佔。我們能希望的頂多是找到一些邊緣地帶（通常是不起眼和不規則的角落）來安身。想要做到這一點，唯一辦法是透過相當大的堅定不移和自我重複（很多人已經在我們前頭這樣做過），以及相信我們的獨特性在經過許多努力之後終會像一道小刻痕或一下小晃動那樣被人看見。

隨著我們的處境愈來愈惡劣，我們駕馭有限的自我宣示方式也變得更

亞伯拉罕之墓（The tomb of Abraham），現在它同時被用作清真寺和猶太會堂。照片中坐著的是武裝守衛。1979 年，希布倫（Hebron）。

古怪、更反諷和更隱晦。以色列侵略黎巴嫩期間，征服者會定期把一個被捕的巴勒斯坦人（一律是身體強壯的男性，換言之是潛在的麻煩製造者）帶到電台，接受制式訪問，讓他奉勸其他巴勒斯坦人回頭是岸。這種宣傳攻勢是針對住在約旦河西岸和南黎巴嫩的巴勒斯坦人而發的，在那兩個地方，巴勒斯坦人並無自己的宣傳機器可以回應。能夠回應這攻勢的方法只有靠犯人本人利用公式化的問題順勢發揮，如下面這番翻譯自阿拉伯口語的答問就是一個例子。請注意那個被訪問犯人（他無援無助卻不乏機智）的裝傻裝蠢策略：

以色列播音員：你叫什麼名字？

被俘擄的巴勒斯坦游擊隊員：我叫阿密德・阿布杜・哈米德・賽特。

以：你的代號是什麼？

巴：我的代號是「夜之父」（Abu Leil）。

以：告訴我，「夜之父」先生，你隸屬哪個恐怖組織。

巴：我隸屬巴勒斯坦民眾解放陣線——我指恐怖陣線。

以：你是什麼時候加入這個恐怖組織的？

巴：第一次知道有恐怖主義這回事的時候。

1979 年，泰勒什瓦（Tel-Sheva）。

以：你在南黎巴嫩負責什麼任務？

巴：我的任務是製造恐怖……換言之是進入村莊，嚇唬那裡的人……每遇到女人和小孩，我們就會嚇唬他們。我們做的事全是恐怖主義。

以：你會參與恐怖主義，是為了追求某種神聖大業還是僅僅為了錢？

巴：老天，當然只是為了錢。現在還哪來什麼神聖大業？我們的神聖大業早被出賣掉了。

以：告訴我，恐怖組織的資金是打哪來的。

巴：來自任何有閒錢搞恐怖主義的人，換言之是來自那些支持恐怖主義的阿拉伯政權。

以：你對恐怖分子阿拉法特有什麼看法？

巴：我敢發誓，他是最恐怖的恐怖分子。就是他把我們和我們的大業出賣掉的。他一生都是在搞恐怖主義。

以：你對以色列國防軍有什麼看法？

巴：老實說，我很感激以色列國防軍，他們善待每一個恐怖分子。

以：你對其他還在以恐怖手段攻擊以色列國防軍的恐怖分子有什麼忠告嗎？

巴：我想勸他們放下武器，向以色列國防軍投降。他們將會得到最好的對待。

以：最後，恐怖分子先生，你有什麼是想跟家人說的嗎？

巴：我想告訴家人朋友，我身體健康。我還想藉這個機會，感謝敵人的廣播機構給我機會說說話。

以：你是指「以色列之音」電台？

巴：對，謝謝你，先生，我當然是這個意思。

既然你需要一個恐怖分子，又既然所有在黎巴嫩反對以色列的巴勒斯坦人都是恐怖分子，那你抓到的任何人都自然會是恐怖分子，都是一些有仇要報的「恐怖分子」。那個以色列播音員的意識形態太根深柢固了，以致警覺不到受訪囚犯對恐怖主義一詞的調侃。受訪者的每個回答看似重複訪問者所說的每一句話，讓對方得到想得到的答案。在他裝瘋賣傻的表演裡，隱藏著不能直接說出口的信息，專供聽得懂的人接收。這一類訪問的內容就像史詩般在巴勒斯坦人之間流傳，有人甚至把它們製成錄音帶，供人買回家聆聽，作為晚間消遣。

兩個住在薩伊達塞納布難民營（Sayida Zeinab camp）的小男孩，1983 年，大馬士革（Damascus）。

加利利一個信奉德魯茲派（Druze）的家庭，1979 年。

我還想起了已故詩人白西蘇（Mu'in Basisu）的自傳性作品《落入水中》（***Descent into the Water***），這書描寫的是一九五〇年代迦薩地帶的生活（當時該地尚在埃及的統治之下）。白西蘇年輕時是巴勒斯坦共產黨的民兵，在好幾座埃及監獄坐過牢。他的苦難全是發生在一個阿拉伯環境而非以色列環境，這讓阿拉伯「民族主義者」到底是如何對待巴勒斯坦人更是一目了然。更諷刺的是，看守白西蘇的獄警都是些巴勒斯坦人。當他和同伴被押送進開羅監獄時，「那些獄警看到我們，顯得非常高興。這大概是他們五年來第一次有一秒鐘記起自己是巴勒斯坦人。不過，他們接下來便故態復萌，寫些對巴勒斯坦人不利的報告。」

巴勒斯坦人扮演的都是一些由其他阿拉伯人為他們制定的角色。白西蘇筆下的獄警扮演的是「小丑」，只有在難得一見的一秒鐘裡一度擺脫他們習以為常的角色。

世系意識；對去今不久的往昔的感知；把自己定位在一個時間連續體裡：這些東西都是我們難望獲得的奢侈品。現狀（the present）的逼近和混亂逼使我們不得不把關注放在日常生活的各種枝微末節。每次我望向「裡面」，總是驚訝於一切生活竟是那麼如常地運作著，就像是我們原本預期會看到「裡面人」做著些大不同的事，卻發現他們所做的事都是我熟悉的。在我看來，這反映出巴勒斯坦人雖然身處反常的環境裡，仍然具有一種積極意識，知道首要之務是處理好各種雜務、養育孩子，把生活過下去。

我一直想多了解我們這個民族是怎樣落得今日的處境。一九八二年初，我跟一支英國攝影隊合作，花了幾星期時間拍攝南黎巴嫩巴勒斯坦難民營的生活狀況。它是電視紀錄片《西方的陰影》（*The Shadow of the West*）的一部分，而該紀錄片所探討的是英、法、美帝國主義跟阿拉伯人的關係，其核心部分是檢視這關係的一個副產品：巴勒斯坦問題。許多在南黎巴嫩被我們訪談過和拍入鏡頭的巴勒斯坦人都比我年輕，一輩子待過的地方就只有黎巴嫩，所以，被問到有關歷史的事情時，他們就會帶我去找老一輩的人。其中有兩次這樣的場合，充分說明我們的歷史紀錄有多麼地不完備。有一次，一個老先生在一群年輕人的追問下，回憶起他住在巴勒斯坦時的情況。他講得很仔細，描寫了他生長的村莊是什麼模樣、家族聚會的情景和各種可堪回憶的往事。但當我問他這一切怎麼會忽然終止，問他怎麼會成為難民時，他忽然閉口不語，站起來轉身離去。

另一次在場的是一個老太太，她和幾個外甥女和女兒一起愉快地教導我，身為一個住在美國的巴勒斯坦人，我應該做些什麼。她們其中一個建

照片被自豪地懸掛在牆上，照片中的男人先被判終身監禁，後來被驅逐到阿爾及利亞，再到約旦。1948 年，拉馬拉。

議我搞一場革命，另一個則建議我多生些孩子（言下之意是我只生兩個小孩，顯示不出男子氣概和愛民族情操）。然後我們談到了她們在蓋斯米耶（Qasmiyeh）難民營的生活。幾個女孩子都不認為她們會在這裡待多久，因為那不是屬於她們的地方。然後我轉頭問那位叫烏馬梅德（Um Ahmed）的老太太：「妳怎麼會來到這裡的？」她沈默了一下子，彷彿是被我的問題嚇了一跳，然後很敷衍地回答說：「我真的不知道。我是突然發現自己來了這裡。」

然而，對於住在「裡面」或那附近的巴勒斯坦人來說，他們因為無法否認自己的身分，所以反而變得更頑強。他們的姿態像是在說：我們就在這裡，不為你們的權勢所動搖，會繼續過我們的生活和孕育下一代。這種存在宣言雖然基本上是沒有說出口的，卻一樣強大有力。兩相比較，你會喜愛他們多於那些住在西方而充滿顧忌的巴勒斯坦人。最近有一次，我從紐澤西沿著一號公路開車回紐約，途中在一個加油站停車加油。加油工是個中年人，忙碌異常，眼睛一直沒有離開過加油幫浦或手上的寫字板，說話帶有巴勒斯坦人腔調。「你是阿拉伯人？」我用阿拉伯語問他。聽到這樣一問，他猛地把頭抬起，回說：「對，對。」「阿拉伯哪裡？哪個城鎮？」我追問說。「約旦。」他馬上回答。「但你是巴勒斯坦人，不是

迦薩一處難民營，1979 年。難民營本來佈滿帳棚，但逐漸被瓦楞鐵皮屋頂的磚屋取代。

嗎？」「我來自納布盧斯。」他說，說完便走開，忙別的事情去。他的態度讓我傷心：他明顯不願意承認自己的真正身分。我本想找他多談幾句，勸他不應該恥於承認自己是巴勒斯坦人……但他又有可能懷疑我是某種間諜。不管怎樣，他都太冷淡和太忙碌，沒有再理會我。

我十三歲的兒子瓦迪厄（Wadie）跟我一塊在安曼旅行時，不管碰到誰都會問對方是約旦人還是巴勒斯坦人。有一次，在一輛計程車上，他問了蓄大鬍子的司機同樣問題。「約旦人。」司機回答說。瓦迪厄馬上追問：「約旦什麼地方？」並不讓人意外地，司機的回答是圖勒卡姆（Tul-Karm）——那是一個約旦河西岸的城鎮。繼而，司機開始長篇大論，指出在「今時今日」（那時「巴勒斯坦國民議會」正在安曼舉行著名的一九八四年大會，並得到胡笙國王到會致辭），約旦人和巴勒斯坦人是沒有分別的。瓦迪厄大概是察覺到我對那司機的胡說不以為然，又見我沒有像平日那樣出言反駁，便代我反駁：「那是有分別的。」只可惜他年紀太小，無法把箇中分別給說清楚。這下可好，那司機當場把車子停住，要我們下車。「找別人把你們載回去吧！」他說。那地方是城市邊緣地帶，離我們住處起碼五英里遠。

我想，這種對過去的抗拒，是兩股力量作用的結果。一股力量是那讓人困惑和失去方向感的現在（the present）。看看巴勒斯坦境內巴勒斯坦人所面對的迷宮似的不確定性、互相衝突的困境和凌亂堆疊的環境，你就會立刻意識得到，要疏導它有多麼難上加難。這個「現在」最具體的象徵是迦薩和安曼的難民營：每樣事物看起來都是隨意堆疊出來，不倫不類，毫無對稱、形狀或秩序可言。第二股力量源於我們全部阿拉伯人的過去都被視為是已失去的、是可恥的，又或是只會被視為「現在」或「未來」的對比。大概，這一切其實都是一樣的，唯一不同的是我們總是太積極去許未來以一個缺乏可信度的合法性光環。就像黎巴嫩文評家和小說家扈利（Elias Khoury）說過的，我們的「未來」其合法性幾乎全是建築在「過去」的不合法性：無數的失敗、入侵、陰謀、摧毀和出賣。等你把這一切都給列舉出來，便發現你的過去並沒有多少值得一提，所以乾脆不提。這反過來又讓現代阿拉伯國家的統治者（他們的專制和無能不分軒輊）可以宣稱自己是「未來」的合法保障者及（這是更要命的）「現今」的合法統治者。以色列設法以同樣的地位自居，哪怕在巴勒斯坦人看來，這個猶太人國家一點道德合法性都沒有。阿拉伯國家因為一直許諾給我們一個光明的未來，所以還有一點道德合法性，只不過這合法性正在快速萎縮。

⁂

耶路撒冷附近的拉莫特（Ramot）屯墾區，1979 年。雖然房屋行將蓋好，打算入住的人卻無幾。

同一種房屋的細部。背景遠處是好幾公里外的一個阿拉伯村莊。

不過，一旦有另一個強權（不管是阿拉伯人、歐洲人還是以色列人）入侵你的「裡面」、矮化你的過去、聲稱它有權決定你的未來，那大概這個強權是誰都無甚分別。我不是民族、部族、血族甚至家族的堅定信徒，但我覺得，我們還是必須區分不同種類的入侵。例如，有些以色列不允許我們去做的事乃是阿拉伯人（他們對我們的態度極其矛盾）允許我們去做的。或許，這種分別只是程度不同的異化，但又或許，它代表的是兩種方言（阿拉伯方言）的差異要遠少於兩種不同語言的差異。

約旦河西岸屯墾區的建築樣

式是這種態度明確無疑的表現。我聽說，這些建築的蠻橫模樣連一些以色列人看見都為之震驚。它們不但會讓人聯想起一支大剌剌行軍的粗野十字軍，還會讓人聯想到（部分建築是這樣）擴散增生的癌細胞。它們對巴勒斯坦地貌和生態效果破壞的影響深遠而持久。

巴勒斯坦地區的阿拉伯身分（我完全願意承認它還有別種身分）一直受到竄改和毀容，像胡亂塗鴉一樣把一些本來清晰好讀的書頁變得醜陋和面目全非。這個過程迄今猶在距離巴勒斯坦遙遠的地方持續著，帶來相當大的傷害。我舉一個例子。《紐約雜誌》（*New York*）的「情報員」專欄最近有一篇文章（執筆者是個叫莎倫．丘徹〔Sharon Churcher〕的傢伙），報導了聯合國「教科文組織」在巴黎總部所舉行的一個民族服裝展。其中一套參展服裝是巴勒斯坦女人常縫製和穿著的那種刺繡連衣裙。然而，丘徹為文章取的標題卻是〈恐怖分子時裝〉，作者顯然是認為，巴解組織既然是「教科文組織」的成員之一，自然會提供服裝參加展覽。丘徹在文章裡暗示說，巴解組織已經脅持了巴勒斯坦文化，而「教科文組織」則上了巴解的當。她引用哈利斯（Owen Harries）的話指出（哈利斯就是那個發起「遺產基金會」運動，成功促使美國脫離「教科文組織」的澳洲人），「教科文組織」會搞那個民族服裝展，乃是想騙得美國相信，巴解組織「正在改弦

幾公里外那個阿拉伯村莊。照片中可以看得見它的清真寺以及那些被果樹、橄欖樹和石牆圍繞的房子。

易轍」(大概是意指巴解假裝自己正從共產黨的先鋒隊轉變為合法的文化機構)。然後,丘徹引用她豐富的服裝知識對民族服裝展作出致命一擊:「『教科文組織』對恐怖分子時裝也許了解有限,但據一位中東專家指出,那套展出的服裝乃是伯利恆中上階層仕女的『高級衣著』。」

如果你仔細分析這篇旨在抹黑的文章,就會看出它暗示著幾件事情。首先,它是想讓你相信,巴勒斯坦人從來沒有什麼民族服裝或大眾服裝,而服裝展所展出的那件連衣裙,只是富裕中產階級的盛裝。其次,它暗示巴解組織和「教科文組織」是一夥的,兩者都是無賴,前者刻意作假,後者不是假裝不知便是全然無知。最後,作者不容許那服裝的照片自己說話,硬假借一個不具名的專家之口把它說成是「上層中產階級」的穿著。為了畫龍點睛,作者更是給文章取了「恐怖主義時裝」這樣一個篇名。

事實是,照片中的服裝完全是道地的巴勒斯坦婦女連衣裙,是所有階層的巴勒斯坦女性都會縫製和穿著的。它被大量人類學和民俗學文獻提到過,而幾乎這些文獻的每一篇都可以證明,巴解提供參展的服裝完全符合「教科文組織」的要求:具有民族代表性和大眾化。這雖然是小事一樁,卻可以以小見大,反映出一種許多人都在幹的下流勾當。任何跟巴勒斯坦人有關的東西都被加以竄改,被說成是極端可疑,被說成是跟恐怖主義有

港口邊的露天茶座，1979 年，阿克（Acre）。

關，或是被加以嘲笑，嗤之以鼻。這些竄改的目的無非是要否定有巴勒斯坦這個地方的存在，甚至否定有一個叫巴勒斯坦人的民族存在。「我們巴勒斯坦人」已經幾乎不被察覺地變成了「他們」——非常可疑的一群人。

這樣的事情總是讓我感到疲倦而憤慨。那個叫莎倫．丘徹的傢伙到底算老幾？她不過是在一本無聊雜誌上寫了篇沒幾行字的專欄，但為了反駁她，我卻必須動用到歷史學、邏輯學和修辭學，寫出好長的一大堆話。每一次，碰到這樣的事，我們都得把我們的故事重講一遍。重講一遍還不打緊，問題是我們可以倚仗的歷史記載寥寥無幾，而光有記憶是不夠的。這似乎正是杰卜拉（Jabra）的小說《尋找麥斯歐德》（*The Search for Walid Massood*）的主旨：光有記憶是不夠的。他指出，記憶這回事「天真而模稜兩可」，因而需要有句子去跟它一一對應。但我們卻沒有那樣的句子存在，而要生產出這些句子需要許多年時間，會得出什麼結果也是未定之天。阿多諾（Adorno）說過：「任何被妥適思考過的問題必然會在別處被別的人思考過。即便最孤獨和最無濟於事的思考亦會帶有這種信心。」這是以另一種方式表達了巴勒斯坦人的夢想：讓記憶、現實性和語言可以完全和諧一致。任何東西都比我們現在擁有的好，然而，往前去的路卻是封鎖著的，我們現有的工具是不完備的，無法讓我們搆得著過去。

1983 年，大馬士革（Damascus），薩伊達塞納布（Sayida Zeinab）難民營的難民，住著因 1948、1967 、1973 年三次戰爭而離鄉背井的巴勒斯坦人。

不過，就目前而言，有些用來修復巴勒斯坦過去的方法還是讓我印象深刻。日記、相片集、回憶錄之類的材料如涓涓細流，不斷出版，而它們都是要用一些親身經歷過、無可質疑的證據去釐清過去。這方面的出版品包括了祖艾特（Akram Zuayter）的日記、沙拉比（Hisham Sharabi）的自傳《餘燼》（*Al Jamr wa'l Rumad*）和謝克（Zakaria al-Shaikh）的證言（他在一九八二年曾親歷薩卜拉和夏蒂拉兩個難民營的屠殺事件）。其他我讀過而留下深刻印象的作品都是以巴勒斯坦境內的普通生活場景為主題，包括：盲眼詩人暨學者布西拉（Raja'i Buseilah）的悽苦回憶，它們記錄了一九四八年他還是小孩時被拉賓（Yitzhak Rabin）指揮的「哈格納」（Hagannah）[4]驅離故鄉利達（Lydda）的經歷；卡利迪（Walid Khalidi）編撰的《大離散以前》（*Before Their Diaspora*），這部大書主要是相片集，收有許多一八七六至一九四八年間巴勒斯坦人的生活照片；霍特（Shafik al-Hout）對雅法的回憶錄《巴勒斯坦的新娘》（*The Bride of Palestine*）。再來還有謝克的丈人努韋希德（Ajjaj Nouweihid）在過世兩三年前編撰出版的小百科全書《巴勒斯坦的男性》（*Rijal min Filastin*），這書會讓人聯想起阿巴斯（Abbasid）時代編撰的人物詞典，我在裡面找到了一些我父系親屬的條目。

然而，在所有這些作品中，我都看到了一個根本的缺失：女性的嚴重缺席。除少數例外，女性扮演的都是連字號的角色，只起連接、過渡的作用，其出現純屬偶然。然而，若不充分理解巴勒斯坦女性的特質（具體、警醒、充滿柔情，極度辛酸又奇怪地無比堅強），我們將無法全面理解巴勒斯坦人的現今處境。

我在巴勒斯坦人生活的各方面都看得見女性的身影，她們一方面被我們賦予各種甜膩的理想化角色（母親、處女、烈士），另一方面又具有一種不能被同化的力量，在在讓我們政治化的大男人自尊感到礙眼，甚至不悅。

每當我媽媽回憶起她在拿撒勒度過的早年生活（例如談到她的父親是如何嚴格卻又對她特別溫柔，談到她跟媽媽本來親密無間，後來卻開始疏遠等），懊惱之情都溢於言表，對那段歲月的一去不復返充滿遺憾。但她不是在一九四八年被逐出拿撒勒的，不是。她是一九三二年嫁給我父親以後離開的。然而，一等他們在託管政府的登記處完成婚姻註冊手續，一個英國官員便取消了我媽媽的護照。「從今以後妳用丈夫的護照旅行便行。」他說。面對我媽媽的懊惱和疑惑，他解釋說：「取消妳的獨立身分可以讓我們多出一個法定名額，供多一個歐洲猶太人移民入境。」

對殖民地婦女動輒被剝奪公民權利的處境而言，這故事太有象徵性了。我不知道這種事是不是常常發生，也不知道取消我媽媽的獨立法律身分是否真的可多讓一個猶太人入境。但被取消護照的經歷太痛苦了，以致事隔五十多年後，其記憶仍鮮明留在我媽媽腦海裡。她告訴我們這事情的時候極其勉強，而且帶著羞愧。身為她的兒子，我也一直把這故事保存在記憶裡。失去獨立身分後，她便只剩下這幾重身分：我爸爸的妻子，我的母親，我幼年時代最親密的同伴。在我的詮釋裡，這事件標誌著她從一個完整的人（一個獨立的巴勒斯坦年輕婦女）淪落為中介性甚至依附性的角色：他人的妻子和母親。

日後我才知道，這種事（只能當個「中介」的人和扮演一系列重要但二等的角色）乃是所有巴勒斯坦女人和阿拉伯女人的共同命運。這是我碰到她們的方式，也是她們生活在不同社會的方式。這當然是一件普遍的社會事實和歷史事實，然而，有鑑於巴勒斯坦人的特殊處境，巴勒斯坦婦女要忍受的壓力尤其強烈。我們該如何看待巴勒斯坦女性的困境：她們會是次一等，是因為她們出生在阿拉伯世界、出生在伊斯蘭教的社會嗎？還是因為她們是巴勒斯坦人？不管答案為何，我們都亟須用同一標準來看待婦女的低下地位和巴勒斯坦人的喪家失產經驗，因為兩者都是我們今日處境

希布倫（Hebron）老城區市場裡的雜貨店，1979 年。

一個臨時安家的女居民，她儘可能把簡陋的棲身之所佈置得像家。1979 年，加利利（Galilee）的拉姆村（The village of Ramah）外頭。

的重要構成部分。

我媽媽的遭遇足以反映巴勒斯坦婦女的普遍困境這一點，在我看過巴勒斯坦青年導演哈拉菲（Michel Khleifi）所拍的一部紀錄片之後，感受尤其強烈。和我媽媽一樣，哈拉菲是在拿撒勒出生和長大的。他如今也是個流寓者，持以色列的護照僑居在布魯塞爾。在許多方面，他所拍的電影《豐饒的記憶》（*The Fertile Memory*）都呼應著我對同一問題的想法：我們必須正視巴勒斯坦婦女的處境和予以補救。

哈拉菲把兩個住在以色列的巴勒斯坦婦女呈現在我們面前。一個是他阿姨法拉・哈通姆（Farah Hatoum），她在一九四八年後繼續留在拿撒勒，如今是個年老的寡婦。電影中，我們看到她在一家以色列的泳衣工廠工作，坐巴士上下班，給孫子唱搖籃曲，煮飯和洗衣服。她的工作極度細瑣，不斷重複，需要高度專注力，家務事尤其繁雜（操持家務被她家人當成她天經地義的責任）。她需要消耗的精力極為驚人，但並不抱怨，幾乎是下意識地默默工作。法拉的堅忍讓觀眾油然生出敬意，而這種敬意是極強調男子氣概的巴勒斯坦民族主義所不允許的。法拉的孤單，她僕人似的生活，她精巧的手藝（其中一項是縫衣服），全都披露出巴勒斯坦人生活更真實的一面（這一面通常都是我們那些高蹈的論述隻字不提的）。

電影的核心是在表現出一個老婦人與土地的關係。透過兩幕戲，哈拉菲讓法拉成了所謂的「境內放逐」的強有力縮影（「境內放逐」早見於英國統治巴勒斯坦的時期：我媽媽被沒收護照便是一個例子）。在第一幕戲裡，我們看見法拉的兩個子女勸母親賣掉一片土地。那土地名義上還是法拉擁有，但實際上已被以色列人佔據。所以，法拉雖然擁有地契，卻形同擁有一張廢紙。不過，她子女從法律顧問那裡得知，她說不定仍然可以把土地賣給現在的佔有者，因為對方也許會希望更名正言順地當土地的主人。

但法拉死都不願意賣地。身材高大而下顎寬厚，她像磐石一樣坐在桌子旁邊，任憑子女百般勸說都不為所動，不要，不要，她說，我要保有那塊土地。但那土地並不真是屬於妳，她的子女反駁說。法拉的態度固然頑固，卻讓我們這些生活在流寓地的人更心有戚戚，敬佩她繼續相信人與土地必須保持某種（不管多小）的聯繫。另一方面，她的頑固又提醒了我們，我們所擁有的各種紀念物、回憶和地契只更進一步放大了我們一無所有的處境。在由流寓形成的各種繭狀居所中，我們固然還有空間可以象徵性地復原我們遺產的零散部分，然而，象徵與現實的鴻溝依然存在。這就像卡瓦爾太太（Wadad Kawar）雖然在安曼收藏巴勒斯坦各種民族服裝，並編印成書（在日本出版），但美國的專欄作家照樣可以置之不理，輕易給這些服

錫登（Sidon）的難民營，1983 年。

裝貼上「恐怖分子時裝」的標籤。所以，那塊土地當然不是真正屬於我們的。

法拉充滿感情而發人深省地說出她的聲明：「我現在固然無法實際擁有那片土地，但誰又知道以後會有什麼變化？我們是最先來到的，然後猶太人才來，以後一樣會有其他人來。我擁有那土地，我會死去，但不管人來人去，土地始終會在那裡。」這種邏輯是一般人無法理解的，卻可以帶給她自己極大的慰藉。這讓人不由得聯想起我們許多乍看毫無意義和反覆重複的固執：例如讓自己站在各種象徵著我們光榮失敗的圖騰（納塞）中間，宣稱「我就站在這裡」。

稍後，法拉被帶到她的土地去，而這還是她生平第一次看到這土地。這聽起來有點奇怪，但哈拉菲向我解釋，類似的事情在法拉一輩的婦女並不罕見：法拉丈夫生前都是自己照管土地，死時才在遺囑裡把土地留給妻子。當法拉繼承那片土地時，土地早已被霸佔，所以，雖然擁有地契，她卻猶如在敘利亞擁有巴比倫空中花園的照片。

不管怎樣，哈拉菲還是想出辦法讓法拉可以回去探視她的土地。電影中，我們看到法拉猶猶豫豫地走進田裡，然後慢慢轉身，伸出雙手。一種令人困惑的安詳表情出現在她臉上，但不帶任何擁有土地的自豪感。這紀

一家人，媽媽穿著傳統服裝。1979 年，希布倫郊區的難民營。

錄片毫不突兀地陳述出這個事實：法拉站在自己所擁有的土地上，而那土地仍然在那裡。至於會在這兩個事實之間作出干擾的（那無用的地契和霸佔了土地的以色列人）則完全沒有出現。這時，我們會馬上意識到，不管是我們在銀幕上所看到的，或從任何表象巴勒斯坦人團結性的照片，都只是一種把巴勒斯坦個人和巴勒斯坦土地連結在一起的烏托邦意象。法拉與自己土地的重新連結（哪怕只是一種形式上的連結）喚起甚至平撫了我媽媽在一九三四年被奪去獨立身分的痛苦回憶。雖然是下一代人的美學經驗，但它卻部分療癒了那個舊傷口。

《豐饒的記憶》的另一個女主角是莎雅・哈利法（Sahar Khalifé），她住在納布盧斯，是個成功的小說家和女老師。莎雅一點都不戀舊或拙於言詞。比法拉年輕一代，莎雅對自己的女性身分與巴勒斯坦人身分都更要自覺。她形容自己是個鬥士，哪怕說這話時帶著相當的反諷口吻。不過，莎雅的生活雖然比法拉多姿多采，她一樣可以說是個被剝奪者，因為她一樣得忍受矮半截的身分：作為民族主義者，她受到控制約旦河西岸的以色列權力結構所壓抑；身為一個離婚的職業婦女，她受到納布盧斯的伊斯蘭傳統社會所壓抑。她坦言自己在政治和性兩方面都得不到滿足，而這首先是因為她是巴勒斯坦人，其次則因為她是個阿拉伯婦女。儘管如此，她仍然堅定不移。雖然得忍受以色列的佔領，得忍受種種的政治和社會張力，但莎雅就像其他納布盧斯人一樣，努力在夾縫中生活下去。

哈拉菲的成就在於能夠把巴勒斯坦婦女生活的某些方面給表現出來。雖然明知會失去一些觀眾，他仍然小心翼翼，用緩慢的步調讓法拉和莎雅的力量自行浮現出來。他蓄意不採取一些商業電影的成分（情節、懸疑、戲劇性等），改採更創新也更可信的手法。我們每個人都帶有一九四八年喪家失產那一代人的記憶的斷片，對此，法拉被允許說出她的記憶；我們每個人都感受得到分隔兩個世界的陰影線之間是有細微鑿痕的，對此，莎雅作出了見證。

哈拉菲並沒有試圖煽動些什麼。他沒有把法拉的日常生活直接呈現是因處於以色列的宰制之下。影片中幾乎看不見以色列士兵的身影，也看不到警察圍捕巴勒斯坦人的情景。他甚至抗拒誘惑，不去強調莎雅更激進的一面。片中也沒有任何激進活動（焚燒輪胎、丟擲石塊）的場面。

相反地，哈拉菲讓兩個女人的生活得到美學的澄清，而在我（一個巴勒斯坦男性）看來，他也為我們喪家失產的經驗帶來了新的觀照。然而，因為我是被時間、性別和地理距離分隔於這些經驗之外的（那些經驗畢竟是發生在我所無法居住的「裡面」），這電影等於是再一次確認了我的「外面人」身分。這又導致我想要（大概是出於防衛心理）用「裡面人」的種種妥協性（compromises）來突顯出「外面人」的一貫性（integrity）：在對錫安主義所進行那場打不贏的戰爭中，「裡面人」一再表現出善忘和滿不在乎；因為距離敵人太近，他們讓一些該思考的問題不被思考，讓一些該記錄的情景不被記錄，讓一些人物被遺忘，讓一些歷史被棄如敝屣。

這裡是另一張女性的臉（見下頁），熟悉而充滿歲月痕跡，隱藏著一生的許多故事，精彩地被一個善感的攝影師給記錄了下來。第一次看到這張臉時，我覺得她代表著我們的往日歲月。六個月後，我不經意地把這照片拿給妹妹看。「是法拉杰太太（Mrs. Farraj）。」她說。沒錯，是法拉杰太太。我第一次見到她，是在一九四六年的一場婚宴：新郎是我一個堂哥，新娘是她一個女兒（我在現實生活中看到的第一個美女）。我在五〇年代又看到法拉杰太太一次，再後來是現在：在摩爾拍攝的照片裡。照片裡的她，包括她的髮網、稜紋羊毛衣、不好看的眼鏡、安詳的微笑和堅強的手，在在像一幅地圖一樣，把我、我妹妹、我的朋友、她的親戚、她的熟人和她去過的所有地方全都聯繫了起來。不過，所有這些聯繫乃是在我看到這照片一段時間之後，決定使用它和安排好位置之後才浮現的。當我一認出

法拉杰（Farraj）太太。安曼（Amman），1984 年。

法拉杰太太之後，照片表面暗示的私密性便消散了，一切變得一目了然，沒有多少祕密可言。她是個真實的人，一個巴勒斯坦人，背後有一段歷史。但我不知道這照片能不能或有沒有把事情的真相給說出來。有些什麼已經不見了。剩下的只有表象。

註釋

①這個比喻出自《舊約聖經》。《但以理書》記載，上帝曾派遣一隻「手」在巴比倫王宮牆上寫下神祕文字，預言巴比倫王國氣數已盡。只有但以理一人讀懂這些文字。

②包爾福：英國外交大臣，他在一九一七年的一封信件中明確表示英國願意支持猶太人在巴勒斯坦建立國家，史稱「包爾福宣言」。

③魏茲曼：猶太復國運動領導人，以色列建國後第一任總統。

④以色列未建國前的猶太地下恐怖分子組織。

3
浮現
EMERGENCE

最後的牧民。貝爾謝巴（Bersheeba）附近的沙漠邊緣，1979年。

農村和務農生活一直是阿拉伯巴勒斯坦人歷史的一個重要構成部分。貫穿整個十九世紀，巴勒斯坦至少有六五%的土地是農村聚落。這種生活的核心當然是村莊，哪怕對少數的阿拉伯牧民來說，氏族才是最重要的單位。放牧與農耕的生活方式主導了我們的社會。正因此，你現在每碰到兩個巴勒斯坦人，大概便會有一個是農人或牧人的後裔，歷史根源可以溯至一些耕作土地的小型農村社群。

因此，我們很自然會把這樣的生活想像成一個無時間性和無名無姓的集體。我大概是巴勒斯坦都市人的一個極端例子，因為我和土地的關係基本上是比喻性的，對巴勒斯坦農村社會的印象只是得自一個遠距離的觀察。我爸爸的家族都是耶路撒冷人，但往前回溯一百二十五年的話可溯至拿撒勒一個信仰基督教的氏族，而這些人跟土地的關係也許會比較密切。我媽媽的祖先是薩法德的比舒提（Bishoutys）家族，這家族在十九世紀中葉以前是何種職業背景並不清楚，但我相信他們主要是匠人和專業人士而不是農耕者。不管怎樣，我的近親、朋友和熟人大都是醫生、商人和專業人士（教師、教授、律師、作家和神職人員），以致我跟巴勒斯坦的大部分農村人口不存在直接關係可言。加上我長年住在美國（起初是以學生身分，後來是以大學教師的身分），愈來愈不經常回到中東地區，所以如果說我兒時

農活。海法與拉馬拉之間某處，1979 年。

曾經跟巴勒斯坦農村土地有過依稀關係，這關係如今已消散了十之八九。所以，雖然意識到我們的社會基本上以農業為根基，但我與這個根基之間並沒有太多直接關聯。因此，我一直都是把農民視為一個貧窮、受苦、一成不變而沒有個體差異性的集體。

但我這種認知其實是虛構的，很大程度受到我們歷史的特殊曲折和我自身的特殊成長環境所形塑（扭曲）。例如，就像許多巴勒斯坦人一樣，我的名字乃是一個按照歐洲規範建立的社會產物。但那是一個新的社會，不是我父親出生成長的那個社會。我的全名是愛德華·W·薩依德，其中的W是指涉我爸爸的名字：瓦迪厄（Wadie）。待後來歸化為美國公民，他把「瓦迪厄」改為「威廉」（William）。小時候，我一直以為，他的全名本就是瓦迪厄·易卜拉欣·薩依德（Wadie Ibrahim Said），要到了入讀耶路撒冷的聖喬治學校（St. George's School，那是一所聖公會傳教士創辦的學校，我就是在學校所隸屬的教區受洗），我才從足球隊和板球隊的榮譽榜看到，我爸爸的全名只作「瓦迪厄·易卜拉欣」。稍後我才曉得，傳統的阿拉伯名字是沒有姓氏的，看似「姓氏」的部分其實不是姓氏，而是以下四種可能性之一：用以表示自己是某某人的父親或母親，如「阿布·瓦迪厄」（Abu Wadie）意指「瓦迪厄的父親」，而「伊姆·阿卜杜拉」（Im Abdullah）意指「阿卜杜拉的母親」；用來紀念自己父母，如瓦迪厄・易卜拉欣中的「易卜拉欣」便是我祖父的名字；用以表示自己所屬的氏族或部落，如克萊法維（Khleifawi）和塔阿里姆（Ta'amari）；用以表示自己所屬的村莊，如拉姆拉維（Ramlawi）或納布勒西（Nabulsi）。這種取名方式讓我們彼此很難區分開來，只有小圈子裡的熟人知道某個名字是指某某人。我爸爸會以「薩依德」為姓氏，乃是居住美國多年，於一九二〇年回到巴勒斯坦之後的事。這一類姓氏是英國統治巴勒斯坦時期的產物，其作用是方便當局統計人口和徵稅。

不過，到了一九六〇年代晚期和七〇年代，舊式的名字（如「阿布・阿馬爾」〔Abu Ammar〕、阿布・杰哈德〔Abu Jihad〕、阿布・菲拉斯〔Abu Firas〕）開始重新湧現。這是一種回歸傳統的表現，也是人們追求巴勒斯坦人身分認同的表現。直接受武裝反抗運動的興起所激發，這些名字表示我們要按照自己的方式做事，拒絕服從於外來強權的壓力。時至今日，「阿布・阿馬爾」（意指「阿馬爾」的父親）這一類泛泛的名字已經變得像「阿拉法特」一類的特殊名字同樣通行。透過部分改造現在以復原過去，這當然是一種政治行為：數不清的「阿布」們會給自己取這樣的名字，首先是為了表示自己跟某個政治組織有關，其次是為了表示自己是個巴勒斯坦的傳統主義者。以這種方式，從屬關係與父子關係被接合在一起了。

攝於安曼的難民營，1983 年。

這種舊式名字的復興對農民來說——他們從過去到現在一直都是叫阿布．穆罕默德或阿布．賈法之類的名字——是件禍福參半的事。因為他們要麼只能選擇繼續沒沒無聞，只為近親、朋友和同村人所認識，要麼成為某個政治組織的吸收對象。

一個人對過去的認識，對歷史變遷的了解，以及對自身觀看方式的自覺，都必然會影響到他對農民照片的解讀。現在，看到這些臉的時候，你看到的與其說是認命和消極忍受壓迫的表情，不如說是一種有所保留、不讓別人立刻破解的表情。以右邊這個住在安曼巴夸亞難民營的男人為例，你能確定的只是他從事何種工作（工人或農人）和來自哪裡。他的臉和典型的農民臉大不相同。在典型的農民臉上，我們看到的是默然忍受著的痛苦和哀傷，不帶任何政治、歷史或發展的細節。但他的臉卻不是如此：在那上面，你會看到一種從漫長、緊張的歷史中積蓄出來的力量，一種對現在的挫折和憤怒，以及對未來的無比焦慮。

再看看那些牧羊人、田間婦女、帶頭巾的男人，再加上摩爾一九五〇年代在伊爾比德拍攝的農婦照片，都是未帶有可辨識的歷史時期標記的。正因此，這些照片的情景在阿拉伯世界的任何地方都可以看見。然而，所有這些照片又都是有關勞動者的——一些過著艱苦生活的農民，他們需要

伊爾比德（Irbid）的農婦，1950 年。

無休止地去克服貧瘠的土地和惡劣的氣候。我們（你們）會知道這些照片是巴勒斯坦人，是因為我已經指出來，至於我會知道他們是巴勒斯坦人而不是黎巴嫩或敘利亞人，則是摩爾告訴我的。但就這些照片本身而言，它們是沈默的，看來充滿一種呆滯性，其份量超過它們述說的任何事情。因此，它們招引著人去雕琢出解釋的文字。

尤有進者，我們腦子裡那些不請自來的傳說會進一步把這些照片給模糊掉。這些照片表現了農民樸實無華的事實，會不斷出現各種標籤。其中一個標籤這樣說：「田野裡的牧羊人」（你可以在後面加上一句：「就像《聖經》上說的，他們『正在看管羊群』。」又或者，像那兩張婦女照片那樣，會引來「亙古不變的東方」或「伊斯蘭婦女的可憐命運」之類的評論。又或者，你還會聯想起對這些人頗有重要性的組織，如「聯合國難民救濟及工程局」和「巴解組織」（前者是一個專為無名而貧困的巴勒斯坦人補上難民身分的國際組織，後者是一個帶給「巴勒斯坦人民」認同和方向的政治組織）。但這些累積的解釋會可怕地直接對應於這些照片所描寫的東西：馬克思所謂的「異化的勞動」（**alienated labor**），即勞動者對自己的勞動產品或勞動生產力都少有控制權。有了這種體認後，則這些照片可能暗示的任何異國風情頓時會煙消雲散。作為保存這些場景的方法，是用照

收集柴枝後回家的農村婦女。加爾默耳山（Mount Carmel）附近，1979 年。

片來表現，成為一連串紀錄的頂點。巴勒斯坦農民的勞動是六、七種其他程序的傀儡，這些程序無一可以讓這些有生產力的人們跟他們的勞動保持完好無缺的關係。

在二十世紀初期介紹巴勒斯坦的歐洲作品中，最有名的一部是《不可移動的東方》（*The Immoveable East*）。這書喋喋不休、資訊滿滿（民族學資料、民間傳說、農民生活等）而口氣權威，並不重視任何跟觀察和詮釋有關的問題。作者巴登斯貝格（Philip J. Baldensperger）出生於阿爾薩斯傳教士家庭，既是養蜂人又是民族學者，留給我們的巴勒斯坦人資訊要多於任何其他地方所能找到。一部《不可移動的東方》，再加上芬蘭考古學家暨人類學家格蘭奎斯特（Hilma Granquist）對艾爾塔斯村（Artas）的研究，我們便有了關於巴勒斯坦農村最豐富的參考資料了。

讀著巴登斯貝格和格蘭奎斯特的著作，以及他們書中的照片和插圖，我只覺得我對巴勒斯坦農民的了解比原來還要陌生：

> 一般來說，巴勒斯坦農民都是膚色深褐，黑髮，蓄著又長又寬的鬍子，在這一點上，他們頗不同於貝都因人（Bedawin），因為後者鬍子稀少，留鬍子主要是裝飾下顎。當然，在一個老是受到外力入侵的地方，難免

會摻雜一點外國血統。不時，特別是在人口集中的地點附近，你會碰到金髮甚至紅髮的人。不過，巴勒斯坦農民仍然以黑髮最為常見，他們有著肉厚的鷹勾鼻、圓頭顱、厚唇、寬肩膀、體格勻稱：既不太胖又不太瘦。婦女要略矮小於男人，她們體態優雅、臀部結實，胸部豐滿，幾乎一律手腳纖小，有著深色眼珠子和留著濃密的長黑髮。巴勒斯坦農人和農婦通常穿著有寬大袖子的素色長袍，下襬很長——若是不用帶子挽起來便會長及腳踝。

讀著巴登斯貝格這一類記述時，我的一大感觸是巴勒斯坦人自己幾乎完全沒有類似的作品。這類作品不但可以記錄巴勒斯坦農村文化的特色，還可以融貫地解釋這個文化為什麼會瓦解，會被連根拔起，轉變為一種以城市為基礎的經濟體。我聽說，有一個叫卡南（Tawfik Canaan）的巴勒斯坦人曾經當過許多歐洲學者的報導人（informant），而且自己也是個出色的民族學者，但就我所知，他的作品極難找到。為什麼會有這種闕如呢？是因為我們從不關心自己嗎？我們是怎樣記載時間的流逝、工作的成果和發生在我們歷史裡的變遷？當**他們**在旅行、觀察、寫研究報告和小說時，我們都在幹些什麼？似乎，在經歷了好幾世紀的勞苦、貧窮、無知和疾病以後，

耶路撒冷老城區的一個固定市場，1979 年。

我們唯一的進步只是懂得從農田轉進到邋遢凌亂的菜市場，擺出農產品以吸引路過者的目光，讓他們在現場消費，然後走人——如此循環不斷。

別人具有觀察記錄和追求系統化的熱情而我們安於現狀如一盤散沙——這樣的對比在我們的歷史裡一再出現。例如，錫安主義者對巴勒斯坦猶太屯墾區的管理極其有組織性，反觀巴勒斯坦人經濟體的維繫卻主要是靠個人的單打獨鬥：這裡一個堅定的農夫，那裡一個優秀的醫生。我們勞動人民的整部悲劇史具體而微地體現在每個單一的勞動者身上：種洋蔥的農人、汽車修理技工、建築工人、家庭傭人、學校老師、政府或商業部門的小僱員、牧羊人、知識分子、商人、攤販或小店東。只有在極偶爾的情況下，這些人才會得到一個更大架構的支撐（其中最主要是巴解組織，它自一九七〇年代以後便以類似國家的組織保護巴勒斯坦人，讓他們在面對市場剝削、戰爭蹂躪和放逐時不致完全落單）。不過，大部分時候，他們能靠的還是自己。想了解二戰前巴勒斯坦的勞資關係，希馬德（Said Himadeh）的《巴勒斯坦的經濟組織》（*Economic Organization of Palestine*）是標準參考書，而此書指出，那時候，猶太勞工和阿拉伯勞工無論在組織、薪酬和力量上的差異都天差地遠。前者有「猶太總工會」（Histadrut）作為後盾，受到一大群擁有歐洲心靈的錫安主義的指導和領導，反觀我們的勞工，要麼是受

1979 年，老港口的附近。人們正在修理一具引擎。在這裡，再老舊的東西人們照樣會嘗試修理，不會輕易丟棄。

到一些準封建的地主階級的剝削，要麼（若是城市勞工的話）是毫無組織性，得靠自己保護自己。其結果便是，阿拉伯勞工的工資總是受供需決定，因地而異。

不過，跟日後的變化相比，一九三八年的情況已不啻是天堂。今天，受以色列司法管轄的大部分巴勒斯坦人勞工都是集中在受薪階級的最下層：建築工人、技工、家具工、木工，總之全集中在次要或勞力密集的勞動市場。首要市場（主要是戰略性工業和軍事工業）則是由猶太勞工壟斷。以色列境內阿拉伯人的工資是由「猶太總工會」所決定，而佔領區內巴勒斯坦人的工資總是比猶太人低許多。不過，不管是在以色列還是佔領區，猶太勞工和阿拉伯勞工最明顯的差異還是工作環境上的差異。

據社會學家楚雷克（Elia Zureik）研究，有近七成阿拉伯勞工得前往猶太人居住區才找得到工作，而這些人中間有近九成介於十五至二十五歲之間。在大部分情況下，通勤的費用會吃掉他們工資的大部分。他們不得不通勤，因為以色列不容許阿拉伯勞工在猶太人佔大多數的地區過夜。據說，在綠線（Green Line）①之內的地區，有些以色列雇主晚上（從深夜兩點到六點）會把工人鎖在房子裡，以防被查獲。

結果，我們在自己國家裡成了遷徙勞工和臨時勞工。阿拉伯童工的市

清晨五點在大街上排隊等工作的阿拉伯人。1979 年，拿撒勒（Nazareth）。

就工資的事討價還價，然後出發去工作。1979 年，拿撒勒。

木匠。1979 年，阿克（Acre）。

場在最貧窮的地區（如迦薩地帶）非常興旺，而因為以色列出現經濟蕭條，許多原是領固定薪水的阿拉伯勞工變成了淒涼的可移動商品，必須在市場旁邊徘徊守候，等待某個猶太雇主相中，把他們載到哪個地方打零工。

儘管如此，巴勒斯坦人還是繼續工作下去——通常都不抱多少期望或遠景。慢慢地，這種對工作的疏離，如今被同化和轉型成為一種主流的態度，用約旦河西岸律師和作家謝哈達（Raja Shihadeh）的話來說就是一種「固守」（sumud）的態度：「但求可以保住房子與土地，我們什麼都不計較。」這樣子，工作便成了一種基本的抵抗方式，一種不屈不撓的姿態。你接受了機會被壓縮的事實，知道未來只會變得更壞而不會變得更好，如此，每天的工作便成了一種控訴：控訴那束縛著你的現狀有多麼可怕，控訴那包圍著你的機制有多麼複雜和瘋狂。誠如謝哈達指出的，這種不屈不撓有時會讓人重新獲得自由，不再被困在「盲目的、銷蝕性的恨意」裡，因為這時候你會意識到「心靈是你自己的，你有能力不讓壓迫者碰觸到它」。

儘管如此，擔憂和焦慮仍然會在我們閒下來的時候啟動。不設防反思的一刻也是最脆弱的一刻。我們的小孩會不會哪一天因為辱罵屯墾者而被抓走？「他們」什麼時候會再侵佔我們另一片土地？我們有無限多的憂慮又沒有真正的解藥，唯一能做的只是明天再次起床工作，工作後再次憂慮。

耶路撒冷老城的阿拉伯人區，1984 年。

讓我們來看看錫安主義運動和巴勒斯坦民族運動的兩個顯著差別。為了把事情做好（主要是攫取領土），錫安主義實際上是功利主義的具體政策（policy of detail），反觀我們卻沒有「政策」，有的只是一些遙不可及的大目標，而它們從不能防止我們腳下的土地逐漸流失。結果就是，錫安主義者建立了一個國家，而巴勒斯坦人卻沒有國家。沒有錯，錫安主義者的軍事力量是比我們的強大，而他們也仰賴一些大原則，但他們的行動焦點總是小而具體：用魏茲曼的話來說，這目標就是「〔奪取〕下一隻羊和下一畝地」。

我還記得，小時候聽到別人告訴我以下事情，我有多麼激動：一旦英國對巴勒斯坦的託管結束，「希布倫勇士」（Hebronite，傳說中的巴勒斯坦大力士）便會揮動棍棒，用嚇唬的聲音把錫安主義者趕出巴勒斯坦。但我同樣記憶深刻的是，當局勢變得緊急之後，我們巴勒斯坦人不停地開會，發出宣言和慷慨陳詞，反觀猶太農人、學生甚至路人卻是都專心於他們份內事務。當時巴勒斯坦人固然擁有大得多的土地，但日後的發展卻證明，這種優勢毫無用處。跟猶太人不同，阿拉伯人做事毫不講究細節和步驟，也不存在那種會把電影票價中的一部分上繳給猶太社（Jewish Agency）的組織。時至今日，我們的特性還是像我們的菜市場：毫無條理、毫無記錄、毫無表達能力。

錫安主義運動和巴勒斯坦民族運動的第二個差異衍生自第一個差異。因為「大離散」（Diaspora，古猶太人的大離散）就定義來說並不是發生在巴勒斯坦，所以，錫安主義在應許之地所做的事也被呈現到（更好的字眼也許是「投射到」）一個世界舞台。一隻羊、醫院與學校，以及屯墾區本身：這一切似乎不只是單純的發生著，還是發生在世人目擊的大戲裡——一齣重建（用魏茲曼的話來說是「重整」）巴勒斯坦的大戲。對「大離散」來說，這齣大戲在不同時期有不同的意義。它總是要成為一幅有教育意義的畫面，要呈現出一種不同於西方人看待猶太人的傳統觀點。後來，這個拯救的信息又被改造，以迎合「納粹大屠殺」所創造出來的處境：巴勒斯坦是一個可供未被納粹德國屠殺的猶太人棲身的避風港。更後來，錫安主義者被形容為開國元勳和開拓先鋒、然後是斯巴達式的，然後是存在主義英雄。對這齣自覺的大戲，以色列小說家奧茲（Amos Oz）最近有一翻傳神的說明：「終我一生，來到應許之地的人都一定會讓我興奮，因為他們或是把它轉化為牧歌般的天堂，或是轉化為平等主義的托爾斯泰式公社，或是轉化為一個中產階級的中歐——奧地利和巴伐利亞的複製品。」所以，錫安主義者想要的不只是恢復以色列國，還是要向世人顯示，猶太人可以成為巴伐利亞人、托爾斯泰的信徒，或亞洲的馬克思主義者。這不能不讓人聯想起康拉德小說《黑暗之心》（*Heart of Darkness*）裡那個穿白西裝的會計師：他無視於最黑暗非洲的「巨大道德敗壞」，只管繼續按照倫敦人的作風，埋首閱讀他「那些排列得井然有序的書本」。

但巴勒斯坦早已住著其他人，而猶太人透過「鉅細靡遺的政策」所緩慢累積的土地和在世人眼前勤勉演出的那齣大戲，乃是多少透過抹去原住民而達成的。直到一九四八年為止，巴勒斯坦只有不到七%的土地是猶太人所擁有，而在巴勒斯坦的十六個分區裡，只有八個分區的猶太人持有土地超過一或二%，而這八個分區的猶太人土地最多是三五和三九%（這兩個分別是雅法和海法的數字），一般都少於二〇%。不過，後來卻有七七%的巴勒斯坦土地變成是屬於以色列所有。這個國家以「猶太人國家」的名義佔據巴勒斯坦人的土地，卻又沒有宣布自己的國界何在。據曾撰寫本古里安（David Ben-Gurion，以色列政府第一任總理）傳記的作家巴佐哈（Michael Bar-Zohar）所述，本古里安在一九四八年五月宣布建國時，是故意不提以色列國土範圍的。但這種佔據並不是一次完成，而是逐步進行，其所依據的是經過仔細起草和無情執行的《缺席者財產規定》（*Absentee Property Regulations*）：透過它，有四〇%的土地都是大筆一揮便被沒收掉。到一九

拉希戴難民營（Rashidyé camp）的一個女難民，1983，南黎巴嫩的提爾（Tyre）。

五〇年，一項最終版本的土地法被通過，稱為《缺席者財產法》（*Absentee Property Law*），它讓「缺席者財產」的以色列保管人或多或少可以隨意出售阿拉伯人的土地。其實，這些財產的主人絕不是永久意義下「缺席」的，因為如果獲得允許，那些被驅逐到鄰近國家的巴勒斯坦人（為數約七十八萬）大都會願意返鄉。再說，以色列境內明明還有十六萬的非猶太裔以色列公民，他們卻被當局稱為「在場的缺席者」。這個過程迄今仍持續著：到現在，佔領區已有五〇％的土地被以色列竊佔。在這些地區，「發展」（**development**）受到禁止，想取得建築許可極度困難，水電供應都受到以色列控制，凡此種種，皆導致每年有超過一萬五千名巴勒斯坦人不得不移居國外。另外，非技術性巴勒斯坦勞工每天向以色列大量流入（估計是九萬人）讓佔領區進一步貧窮化。繼續留在約旦河西岸的產業都是些小型的、家庭作坊式產業，沒有多大市場，許多人的生活都要仰賴在海外（包括阿拉伯世界、歐洲和美國）工作的親友匯款支應。

儘管如此，巴勒斯坦人仍在逆境中繼續保持微笑。

為什麼這些凌亂落後的原住民會無法用他們的存在觸動錫安主義者，並更少地觸動世界的其他人呢？是我一直無法能真正理解的。答案之一當然是這些錫安主義者太過盲目。錫安主義者和美洲清教徒，或那些認為亞非是「無人之地」的十九世紀歐洲理論家都有相似之處。這已經夠讓人困惑了，但更讓人困惑的是現代的錫安主義歷史學家繼續表現出早期錫安主義者一樣的狹窄視野，繼續賣力地重述著同一則荒謬的故事。這則故事最新版本的販售者美國錫安主義者，包括瓊・彼得斯（**Joan Peters**，曾任白宮中東事務顧問）和她的追隨者索爾貝婁（**Saul Bellow**，美國猶太作家）和芭芭拉・塔奇曼（**Barbara Tuchman**，美國歷史學家）。他們說，從來沒有所謂的巴勒斯坦人，而現在所謂的巴勒斯坦人，乃是來自鄰近阿拉伯國家的非法移民，是在一九四六至四八年間受猶太地區繁榮富庶吸引才偷渡進入巴勒斯坦。

然而，還有一些原因是跟我們自己有關的。錫安主義者的成功正好從反面反映出巴勒斯坦人欠缺一部拿得上檯面的歷史。如果說錫安主義者的長處是懂得注意細節和編劇，則我們的短處正在於沒有能力也不願意去戲劇化地表現和談論我們自己，兩者加在一起的結果，是巴勒斯坦人不只無法被世人看見，甚至還無法被自己看見。正如政治學者阿布盧格德（**Ibrahim Abu-Lughod**）指出的，自一九四八年以後，巴勒斯坦人對環繞他們四周的阿拉伯和以色列現實採取的是一種遷就政治學（**politics of accommodation**）：他們讓自己變成了埃及巴勒斯坦人、黎巴嫩巴勒斯坦人或以色列巴勒斯坦人（吉里斯〔**Sabri Jiryis**，巴勒斯坦律師、學者〕的《以色列的阿拉伯人》〔*The*

有關土地的談判。1984 年，耶路撒冷。

Arabs in Israel, 1976〕記錄了這個過程。）然後，到了納塞主政時期，巴勒斯坦人因為受阿拉伯民族主義運動浪潮的席捲，秉持的是一種阿布盧格德所謂的「拒絕政治學」（politics of rejection）。這時期的否定熱情跟一九六七年的喀土木協議（Khartoum Summit）的三不政策相呼應：「不承認以色列，不跟以色列談判，不向以色列讓步。」然後，一九六七年以後，由阿拉伯人的戰敗打開了缺口，巴勒斯坦人開始認定，巴勒斯坦民族主義是獨立於阿拉伯民族主義之外的追求。於是，巴勒斯坦人甩開他們的監護人，自行武裝，又宣佈了民族自決和民族復興計畫。

不過，在所有這些階段裡，除了少數文學作品是例外（包括了戴爾維什、卡西姆〔Samih al-Qassem〕、札耶特的詩歌；凱納法尼和哈比比的小說；圖爾基〔Fawaz Turki〕的自傳性回憶錄和白蘇西的迦薩日記），巴勒斯坦人的具體生活都被一些偉大的觀念掩蓋，乏人聞問。例如，我一直相信，我們會堅持「武裝鬥爭」，原先只是為了表現我們具有捍衛自己權利的戰鬥意志，但很快地，它便轉變為對武力的盲目崇拜（同其一道的是擺弄一些借取自阿爾及利亞和越南的人民戰爭的理論和口號）。這種對武力的粗糙崇拜讓我們忽視了我們處境的複雜性，也讓我們低估了政治和文化面向對我們的奮鬥攸關重大。而它也正中了以色列的下懷，因為挾著強大的宣傳機器，它可以把我們所做的一切（反抗它的佔領、鎮壓）全都說成是「恐怖主義」。

儘管有這些可悲和值得批判的現象，但它們並不代表事情的全貌，因為在一片廢墟中，巴勒斯坦人還是出現了重新崛起的勢頭。巴勒斯坦人對以色列排他措施的全面反對讓他們變成了一個有力的象徵，變成中東地區所有反對腐敗權力建制的人的榜樣。正因為這樣，伊朗人才會在一九七八和七九年把巴勒斯坦人謳歌為英雄和楷模（更早以前，巴勒斯坦人也曾被埃及的學生和知識分子、敘利亞的工人和第三世界的解放組織奉為楷模）。巴解組織的出現（它總是擺盪於革命的觀念和更實際的獨立建國理念之間）在各地帶來了一大批的巴勒斯坦人機構（學校、工廠、醫院、研究和出版網絡等），讓巴勒斯坦人的各種需要可以得到即時的回應。當然，那個核心的困境沒有改變：我們還是一個沒有土地的民族。然而，有史以來第一次，巴勒斯坦人顯得是個能**生產自我**（producing themselves）的民族，顯得是具有自我意識地在一個新環境中賣力工作，而這一點讓任何人都刮目相看。這種「自我生產」（self-production）產生了一種顯著效果。有史以來第一次，錫安主義者「鉅細靡遺」的政策和「戲劇化」的自保策略變得搖搖晃晃，完全不足以掩蓋巴勒斯坦人的存在。

我舉幾個例子。早年，錫安主義者對巴勒斯坦人的態度完全是不屑一

納布盧斯（Nablus）的肥皂工廠（製造肥皂是當地一種傳統產業）。1979 年。

顧，但一九六七年以後，他們開始用公開而苛毒的語調攻訐巴勒斯坦人。戴揚（Moshe Dayan）在一九七八年表示：如果以色列內部的巴勒斯坦人打算支持巴解組織的話，我們就會像一九四八年驅逐巴勒斯坦人那樣驅逐他們。另外，一九七九年一月十九日，艾坦（Eytan）將軍（他當時是以色列參謀總長）在接受《新消息報》訪談時說：「在以色列建國以前，我們來這裡征服這個國家。正是為了這個目的，我們的國家才會被建立。」談到加利利的巴勒斯坦人時，他又這樣說：「依我看來，他們正在那裡搞征服土地、非法移民和恐怖活動的勾當。」美國的猶太拉比卡漢（Meir Kahane）會膽敢呼籲把所有阿拉伯人逐出以色列和佔領區，當然就是受到這一類言論的鼓勵。以色列的大報《晚上》（*Maariv*）刊登過這樣一幅漫畫：一隻巨大黑色鬼怪自一個貯油槽升起，長相酷似何梅尼（Ayatollah Khomeini）[2]，身上帶有被認為是阿拉伯人、穆斯林和東方人會帶有的所有可怕特徵。這隻擺明是反猶太主義者的怪物被畫家加上這個標籤：「伊斯蘭教——反動勢力」。在怪物的下方，站著一個模樣正派而神情憂慮的紳士（代表西方國家）和一個戴著猶太圓頂小帽的小孩。那小孩問他的年長同伴：「我們什麼時候搬家？」

我們明明地位次人一等，明明散居各處，明明處境堪虞，明明軍事力量遠遜於以色列（和其他阿拉伯國家），卻被每一個人看成是重大威脅，這豈非怪事？

⁂

巴勒斯坦人中間的首席社會學家是楚雷克，事實上，出生未久的巴勒斯坦社會學就是他一手草創。目前，他任教於加拿大安大略省的皇后大學（Queens University），是社會學教授。就像我一樣，楚雷克是巴勒斯坦聖公會的教徒，但跟我不同，他大部分教育階段都是在以色列完成。他的希伯來語、阿拉伯語和英語說得一樣流利，曾經在一九八〇年提出一個關於巴勒斯坦生產力的政經基礎模型。那時，他也受到「教科文組織」的委託，與阿布盧格德夫婦（Jane Abu-Lughad）等幾個學者一道進行研究，要規劃一家符合巴勒斯坦人現實情況與實際需要的大學。他擬定的計畫獲得接受，並開始在貝魯特落實（聘請教職員、購買土地、規劃課程等）。諷刺的是，這事情是發生在一九八二年那個一片混亂的春天。計畫最後一事無成，只留下一些很有參考價值的文件，供後來其他同類型計畫參考。但其他計畫一樣無一成功，因為它們無一能克服兩個難題：沒有任何安全的地方和任何民族權力機構可以保障這些計畫的實現。

楚雷克曾經表列出巴勒斯坦人歷史的幾個階段，從這圖表，我們可以清楚看出，自一九四八年起，巴勒斯坦人的處境每下愈況：

階段	時期	顯著特徵
二元社會（錫安主義者進行殖民的階段）	一九四八年前	由英國勢力居間調停的不對稱權力關係；排他性錫安主義機構建立；阿拉伯人經濟發展受到阻礙；錫安主義者取得霸權，導致巴勒斯坦人四處流散。
內部殖民（一九六七年前的以色列）	一九四八～一九六七	巴勒斯坦農民被邊緣化；土地被沒收；政治操弄；經濟停滯；對居住區和對佔領區進行隔離政策；經濟與社會關係的二元化。
約旦河西岸與迦薩地帶對約旦和埃及的依賴	一九四八～一九六七	經濟與政治上依賴約旦和埃及；分化和政治鎮壓。
以色列境內殖民的加速化；約旦河西岸與迦薩地帶對以色列的殖民式依賴	一九六七年至今	以色列境內的巴勒斯坦人進一步無產階級化；對約旦河西岸和迦薩地帶進行經濟滲透；沒收巴勒斯坦人的土地和鼓勵他們移民國外；政治鎮壓和否定巴勒斯坦人的權利。
以色列全面控制一切	未來趨勢	透過驅逐與強制移出，進一步削減巴勒斯坦的人口；最終目標是把整個巴勒斯坦地區給猶太化，而且（如果可能的話）把所有巴勒斯坦人遷徙至其他阿拉伯國家。

不過，再一次地，上面列舉的各種蕭瑟事實並沒有道出事情的全貌。我們在以色列的卑下地位固然至今沒有改變，但被動性格卻改變了。一度

出席聯合國巴勒斯坦問題會議的沙卡阿（Bassam al-Shaka'a）先生，他是納布盧斯的前市長。1980 年，日內瓦。

是一個無形無狀的民族，如今變成了一系列較小而更多樣化的結構。自一九六七年起，我們在佔領區發展出一些新的組織，足以突顯、擾亂和打斷那全面覆蓋我們的權力宰制。即便不是全部，這些新結構體的大部分都帶有民族主義色彩，而且這色彩比約旦或埃及統治的時期還要鮮明（這是因為更大的壓制會引發更大的抵抗）。這些組織要麼是致力於物質的建設，要麼是致力於觀念的建構（如自決的觀念和全體命運的觀念）。

我對這些新組織的觀感是憂喜參半。一方面，它們擴大了猶太人和非猶太人的二元對立，而這是我最不樂見的發展，因為此舉只會讓雙方更加固守在自己死硬和空洞的民族主義立場。導致雙方的對抗上升一個刻度，變得更加沒有迴旋空間。單單將巴勒斯坦主義，奠基在以色列把我們貶低為三等公民的事實是不足夠的。此舉會讓我們太容易把敵我的界線絕對化，甚至（這是更糟的）在自己內部互相懷疑對方「妥協」、「投降」或「通敵」。這類新詞彙與其說有助於我們了解世界，不如說是削弱了我們的世界。

另一方面，我又願意相信，上述在佔領區出現的新變化就整體而言是可理解的，甚至是真正有益處的。目前，一個不完全新的領導班子已經成形，其成員很多都不是基於部落或氏族背景脫穎而出。這些人有自信、受過良好教育而能夠對以色列存在的事實保持開放態度，散發出一種會讓像我這種流亡者嫉妒的朝氣。他們的「固守」（sumud）是真實、具體而堅固的：因為他們就生活在巴勒斯坦的土地，不像我們那樣，巴勒斯坦只是一個觀念。它們業已在一九六七年引入的主奴關係的密合小世界裏撬開了一個缺口，創造出一些替代性機構（如巴勒斯坦文化中心），把學校、專業協會、婦女組織整合在一起，跟由以色列授意建立的那些機構平行運作。

其實，巴勒斯坦人中間從未出現過一個通敵的階級。以色列固然在六〇和七〇年代企圖拉攏部落長老，又在七〇和八〇年代搞所謂的鄉村聯防隊

勇敢挺身說出真相讓沙卡阿先生失去兩條腿。1980 年，日內瓦。

（Village League enforcement squads），想以此建立傀儡機制，卻從來沒有成功。事實上，以色列的這種策略，加上其他更野蠻的控制手法（包括拆毀數以千計的房屋，逮捕、刑求和謀殺超過二十五萬人等），反而強化了民族主義領導人的力量，他們的組織活躍於佔領區內，常常導致以色列的控制短路。但難免有些領導人會為此付出慘痛代價。例如，備受愛戴的納布盧斯前市長沙卡阿（Bassam al-Shaka'a）就因為勇敢作證，公開披露自己人民的困境，落得終身傷殘。

從生兒育女和進行建設到作證和戰鬥，「固守」被持續著。通過他們的民族主義綱領和他們的合法代表（巴解組織），巴勒斯坦人業已重新打開以色列在一九四八年摧毀巴勒斯坦社會時所闔上的卷宗。

這卷宗裡記錄著：曾經有一個巴勒斯坦民族存在的事實。不過，巴勒斯坦人在一九六七年以後的「重新出現」固然打開了一些以色列人的眼睛，卻也引起了更多以色列人的否認。為了回應各種可以象徵巴勒斯坦人存在的事實，以色列一直在販售一種相當虛構的東西：「恐怖分子」。由此又產生出一門稱為「反恐」的「科學」，而今日，這科學已幾乎發展成為一門工業，由台拉維夫和華盛頓兩地的學術機構和學者專家負責生產，製造出數不完的研究著作。所以說，以色列為了抹殺我們，不只出動了陸、海、空三軍，還加上官方論述和學術研究，其所耗費的資源是那麼龐大，在在把我們的力量抬舉到了讓人啼笑皆非的程度。這讓人聯想起斯威夫特（Swift）的《格列佛遊記》（*Gulliver's Travel*）：我們巴勒斯坦人明明是小人國的居民，但以色列因為如癡如狂想要捻走我們，乃把我們膨脹為大得難以想像的威脅，儼如是大人國的居民。

⁂

我不喜歡把巴勒斯坦人的流離四散稱作「大離散」（diaspora），因為我們的流離和歷史上猶太人的流離只有表面的相似之處。另外，猶太人精神和文化上的「大離散」今日已不復存在，不像它從前曾經出現在中歐，體現在卡夫卡、荀白克（Schoenberg）和班雅明（Benjamin）等悲劇人物身上。今日，「大離散」的主要代表人物只剩下美國的錫安主義者，而這跟從前的「大離散」是迥然不同的現象。這些住在美國的以色列支持者對我們充滿敵意、極盡輕蔑又權勢滔天，語言之惡毒連以色列人都有所不及（我覺得跟一個以色列猶太人講理要比跟一個美國猶太人講理還容易）。不管怎樣，我們的流離都跟猶太人的「大離散」相當不同，而理由很簡單：今日住在巴勒斯坦的巴勒斯坦人比一九四八年前還要多。今天，在總人口四百五十萬的巴勒斯坦人當中，有一百八十三萬（四〇・七％）仍然住在

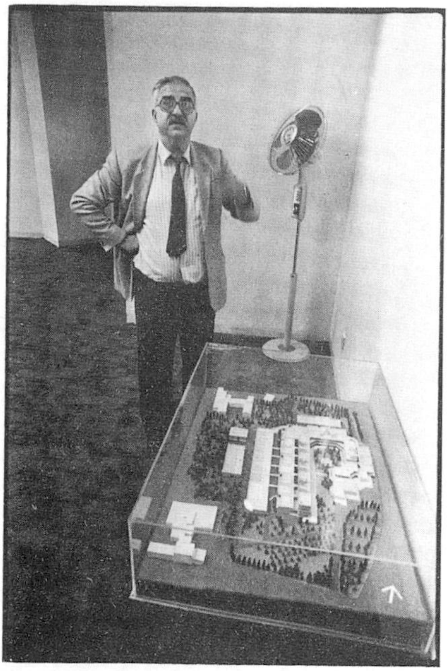

（左）加扎利（Bassam Abu-Ghazaleh）博士，他生於雅法，是約旦大學工程技術系的系主任。1984 年，安曼（Amman）。

（右）卡瓦爾（Wadad Kawar）太太，她是巴勒斯坦工藝品的收藏家和專家，在 1948 年離開巴勒斯坦，定居安曼。1984 年，安曼。

（左）Nidal M. Sukhtian 先生，他是工業家，生於納布盧斯，1967 年以後定居安曼。1984 年，安曼。

（右）阿方斯（David Alphonse）先生，他是銀行家，生於耶路撒冷，在科威特待了十五年，於 1974 年後定居巴黎。1984 年，巴黎。

桑巴（Elie Sanbar）先生，《巴勒斯坦研究》（Palestinian Studies）主編，他 1948 年離開巴勒斯坦，前往貝魯特，後來又到了巴黎。1984 年，巴黎。

歷史上的巴勒斯坦的某地區，另有二百六十五萬五千（五九・三％）住在別處。後者當中，有一百零八萬（二四％）住在約旦，四十萬（約八％）住在黎巴嫩，二十五萬（五・五％）住在敘利亞，近八十萬（一七・八％）住在其他阿拉伯國家（主要是沙烏地阿拉伯和科威特）。流寓世界其他地方的巴勒斯坦人共十八萬（四％）。

所以，巴勒斯坦人的最大集中地是阿拉伯世界，不像錫安主義的「大離散」是個極大規模的歐洲現象。儘管如此，就像西方的猶太人一樣，巴勒斯坦人是出了名有工作幹勁、熱忱和才智的一群。這種名聲已經被誇大到了神話的高度，但卻又不是全然的誇張。例如，在阿拉伯世界裡，巴勒斯坦人擁有大學學位的比例是阿拉伯人之中最高的。同樣地，在波斯灣地區、約旦和一九八二年以前的黎巴嫩，當老師、醫生、工程師、企業家和知識分子的巴勒斯坦人多得是。大膽進取、才華閃耀、一種因不安全感而產生的咄咄逼人個性，這些都是寄居在他國的巴勒斯坦人的特徵。正因此，我才會聽說，人們私底下常把巴勒斯坦人的災難說成是咎由自取。

跟我們在一九四八年後的惡劣處境相比，巴勒斯坦流亡者今日的「成功」（哪怕這種「成功」是缺中心、深奧的和不易捉摸的）確實讓人瞠目結舌。關於那個時期，我能記起的都是些模模糊糊的回憶，是一些延遲曝光的苦難（經歷那些苦難的人跟我都沒有直接關係）。我的家庭因為富有和住在開羅，所以沒有被變亂波及。然後，一九四八年春天發生代爾亞辛（**Deir yassiw massacre**）大屠殺之後，我姑姑和家人從耶路撒冷逃到開羅，對剛發生的事又氣惱又困擾，充滿不確定感。至於我媽媽的娘家人，則早已搬到約旦河西岸的雅法（**Jaffa**）和薩法德（**Safad**）去（稍後又搬到安曼）。

所以，我對發生在耶路撒冷的事，基本上一無所知。不過，有一次，我同班的猶太同學科羅納爾（Albert Coronel）忿忿不平的對我說：「五個打一個。」暗示正在攻打巴勒斯坦猶太人的五個阿拉伯國家是以多欺少。我當時聽不懂他的話，所以沒有回答。不過，每次我姑姑和表哥談到代爾亞辛所發生的事情，都說得極具體而恐怖。

這些記憶片段足以說明我對巴勒斯坦人當時面臨的「浩劫」有多麼懵懂無知，但另一方面，我又是從那時候開始認識到，巴勒斯坦人的復興力量寄託在他們的工作幹勁。我姑姑娜比哈（Nabiha）擁有近乎超人的精力和一副菩薩心腸，到開羅未幾，便獻身於幫助如潮湧入的難民。她家境富裕而人脈充沛，然而，每星期五跟我們一起吃晚餐時，她都會抱怨阿拉伯國家和埃及的官僚體系有多麼不近人情。它們不發給巴勒斯坦難民居留許可、工作許可或旅遊證件。大部分難民都是窮苦人家，無處可去，無人可以投靠。娜比哈動用了每一個她可想到的朋友和熟人的力量。在她的人情壓力下，一些學校願意接受巴勒斯坦小孩入學，一些公司行號願意雇用只略受過教育的職員，一些作坊、旅館、餐廳和工廠雇用了一些沒經驗的巴勒斯坦勞工。我記得她甚至幫一些男人在塞德港（Port Said）找到碼頭搬運工的工作，但又擔心讓這些人在一週之間遠離家人會對他們妻兒有不好影響。

她每星期都會有一天留在家裡，接見想見她的人，而每逢這一天，屋外總是許多人在輪候。其他時間她都在開羅開著車到處去，從日出忙到日落，到不同的辦公室、政府部門、醫院、診所和學校張羅、請託、安排。她是個中年寡婦，個子小而身子骨單薄（這是從十五、六歲起便不停生兒育女所致），但她就是無比堅定和有效率，把個人能對國人同胞所盡的義務發揮到最大極限。

偶爾，她會讓我跟著她到處去，而每一次我都毫無例外的跟不上她急旋風似的走路步伐。她常常去那些破敗至極的貧民窟，花時間說服那些尖叫的女人和她們營養不良的小孩，說她們用不著更多藥物。藥方和專利藥物在這些可憐女人心中的地位恍如仙丹：幾年前，一個曾經熬過早期艱苦歲月的熟人告訴我，在那時候，每個貧困無望的巴勒斯坦難民都盼著可以得到一種使人忘記事情、入睡或麻木的藥物。娜比哈從一開始就知道這事，她有著一種設身處地的同理心，可以知道別人想些什麼。她大部分的努力都獲得了回報。例如，我爸爸的公司就因為她的拜託而雇用了一大堆巴勒斯坦難民，而這些人中有許多的家境後來都變得相當殷實。不過，他們對我姑姑的感念（他們都稱她為「巴勒斯坦之母」）要多於對我爸爸，哪怕就我所知，爸爸從不拒絕自己妹妹的拜託。他們的兄妹關係非常親密，就像是「一顆剖開豆子的兩半」（這是我媽媽的形容，而她說這話時不無嫉妒意味）。他們都是單純的人，常常把「國人是同胞」之類的格言掛在嘴邊。這些格言都是陳腔濫調，但體現在他們的行為上卻變得非常清新。

姑姑就像我爸爸一樣，從不太信任官僚體系。我去紐約念書以後，繼續會碰到曾經為 CARE 或 UNRWA[3]之類組織工作過的人，他們都說認識我姑姑，而且敬佩她。她常常把 CMS、ICRC、WHO、UNRWA 和 CARE 等簡稱和它們幹部的名字掛在嘴邊，但我知道，她內心深處從不信任這些機構組織。她明白一個要點：巴勒斯坦人必須配合體制又必須反抗體制，而且，由於每個社會都把歧視巴勒斯坦人視為老天下達的詔令，所以巴勒斯坦人在每個社會都必須以某種方式創造出某種平衡的體制，來滿足巴勒斯坦人的真正需要。

當然，這種既認同體系又保持距離的態度是要付出代價的，在第一代的流亡者之中尤其如此：在脫下原有身分和嘗試融入新社會的過程中，他們承受了極大的痛苦。五〇年代初，我從姑姑引薦給爸爸的一個僱員身上看到這種衝突。他名叫穆斯塔法（Mostafa），來自海法，本來是個警佐。我爸爸讓他當編制外的警衛，負責公司的一般警衛工作，兼當信差和雜役。我從未見過比他更垂頭喪氣的人。他身材壯碩，孔武有力，但走起路來卻慢吞吞得不自然，就像那雙腿是別人所有。他把工作做得極仔細，每逢有上司經過時尤其一絲不苟。不過，有一兩次，在他不曉得我在附近的情況下（我可是大老闆的兒子），我卻看到他像是換了個人似的。他不再是緩慢走路，而是腳步輕捷得像個偵探，神態威武得像是正義的化身。穆斯法塔完全體現了哈比比筆下那個兩棲的樂悲觀主義者。在他身上，同時住著昔時那個巴勒斯坦警佐和一個心如槁木死灰的難民。

他的子女就像其他巴勒斯坦人孩子，努力用功，決心要通過每一階段的教育（正因為這樣，埃及和其他阿拉伯國家雖然對巴勒斯坦人多所限制，仍然有許多巴勒斯坦人能出人頭地）。在穆斯法塔為我爸爸工作的十年後，他至少有三個孩子考上開羅大學，念的都是「硬」學科：醫學、工程、商學。

最大的諷刺也許是，雖然我們巴勒斯坦人靠著工作意志形成了一個社會，但這社會卻不是存在於巴勒斯坦。在這個過程中，分散各地的巴勒斯坦人多多少少追隨了魏茲曼為錫安主義所制定的行動綱領（「〔奪取〕下一頭羊和下一畝地」），哪怕我們從未真正奪得任何土地。不管是在建築界、醫界、教育界、工程界、藝術界或思想界都出現了出類拔萃的巴勒斯坦人，他們分布在安曼、巴黎、華盛頓、科威特和利雅德。這個流亡者社會的一大特徵在於它是一個強有力的布爾喬亞社會，換言之，自一九四八年以後，短短四十年間，我們便經歷了歐洲布爾喬亞花了一個半世紀才走過的歷程：啟蒙運動、早期工業化、資本主義、後期資本主義。然而，這個社會有一個強烈的缺陷，那就是，它的中心、它的所在地、他的定點總是在別處，它的中心總是在一些原屬於我們而不再屬於我們的地方：耶路撒冷、安曼、貝魯特。在微觀的層次上，這種缺陷表現在我們說話常常咄咄逼人，卻又顯得有點缺乏自信，反映在哪怕是最傑出的巴勒斯坦人，仍然會顯得跟四周的環境有點格格不入。

遠範圍和缺中心的巴勒斯坦流亡生活，當然是已經造就出一個顯赫的新階級，而這個新階級也無疑帶給了數以萬計的巴勒斯坦勞工、農民和難民營居民（他們的聲音一直不為外人聽見）一些正面的影響。然而，後者才是我們人口的大宗，不管他們是住在波斯灣地區、錫登附近的艾希韋難民營，還是的黎波里或利比亞的郊區。迄今沒人研究過這兩個群體的關係。然而，巴勒斯坦人身分的本質卻是弔詭地由失家喪產的經驗構成，這是我們每個人都經歷過卻又無人能充分表達出來的。我們住在西方的巴勒斯坦人因為受到西方教育與文化的制約，習慣把流亡視為一種文學的、完全布

巴解組織領袖阿拉法特，1983 年，日內瓦。

爾喬亞的境界。一說到流亡者，我們總是會想到奧維德（Ovid）④、但丁、雨果和喬哀思（Joyce），總是會想到那些經歷過國內放逐的現代德國和義大利作家，而且很容易把我們較小幅度的流亡跟他們的流亡相提並論。然而，真正可以界定巴勒斯坦人流亡處境的，卻是分散在近東地區的巴勒斯坦大眾，而他們是沈默的、無法形容和極度讓人痛心的。我們（有機會讀這書和看到書中圖片的人）是不用承受他們的處境，但證據歷歷在目，完全不是圖書館、沙龍或銀行之類讓人愉快的事物。我們民族中的勞動人口，生活在艱難處境中，需要看官僚與軍人的臉色，不時得面對災難與羞辱，愈來愈受寄居國變化不定的政策與國內局勢所折騰。

他們的歷史和現實處境是無法更改的，但作為一個民族，他們卻是可以被表象，可以跟他們較幸運的那些國人同胞被關聯起來的。阿拉法特就做了這樣的事。關於他是怎樣做到，沒有任何數字或多少具體事實有助於說明。

簡單來說，我認為他的成就在於讓巴勒斯坦人作為一個民族的觀念可以流傳開來，讓世人在望向中東地區又特別是望向以色列之時，不可能不看見巴勒斯坦人。他具有協調的天才，把巴勒斯坦人生活中極其分散的各部分給連接了起來，也讓他自己和巴解組織吸引到世人極大的目光。為此，他得到了極懸殊的評價：他的敵人視他為頭號賣國賊和頭號恐怖分子，他的支持者則給予他充分肯定。他的貢獻在於把一盤散沙似的巴勒斯坦人統合起來，給予它一種整體形式和從未有過的凝聚力。他似乎是在告訴我們：我們的冤屈是可以說出來的；我們在世界論壇上是可以有一席代表的；我們是可以在戰場上戰鬥的。其次，他把我們社會的不同部門引介給彼此：他讓難民營居民與知識分子彼此認識，讓百萬富翁與窮學生彼此認識，讓醫生與病人彼此認識，也讓工人和銀行家彼此認識。他第三個和大概最大的貢獻在於，他提出了（哪怕沒有說得清楚明白）一個巴勒斯坦的觀念，

聯合國「國際聲援巴勒斯坦人民日」紀念活動，參加者寥寥無幾。1983 年 11 月 29 日，紐約。

而那正是我們許多人一直在為之努力的目標。一直以來，巴勒斯坦民族主義都被認為是阿拉伯民族主義的一部分，很不幸的是後者因為被猶太民族主義打敗，便採取一種類似永久的大拒絕（Great Refusal）接觸態度（可以稱之為「拒絕政治學」），而阿拉法特的不同凡響之處，在於他用「希望政治學」來取代「拒絕政治學」，鼓吹建立一個非宗派性的共同體。在他以前，中東地區從沒有一個領袖曾如此毫不含糊地支持以下這個又世俗又有真正具有解放性的觀念：應該讓巴勒斯坦成為阿拉伯人和猶太人和平共享的家園，沒有一群人應該凌駕於另一群人之上。

然而，當我在寫這些話的當兒，暴力和自我防衛已經接管了中東的局勢。宗派主義和追求國家安全的心態主宰了一切。馬龍派基督徒想要像猶太人一樣擁有自己的國家，什葉派穆斯林想要用別人宰制他們的方式宰制別人，而很多以色列人則希望猶太人可以永遠控制聖地。至於我們，則沒有比從前更接近於建立一個巴勒斯坦人國家。我們很多人都覺得，我們為換取發表意見和在媒體曝光的機會，業已付出了太重大的代價。我們現在被視為是劫機者和恐怖分子，我們一向頗為自豪的「武裝鬥爭」沒有帶給我們任何東西，十年來只讓我們在聯合國會議室裡爭論不休，讓參加的人愈來愈少，而每次都毫無結果。所以，我們變成了一個只會發表宣言、決

拉希戴難民營（Rashidyé camp），一個正在蓋房子的青年。這裡原來只有帳篷，後來帳篷被棚屋取代，再被正式的房子取代。破壞之後是重建，流離變成了融合。1983，南黎巴嫩的提爾。

比爾澤特大學（Bir Zeit University），1984 年。

議文和聲明的民族，只能成為親切友善的國際輿論的囚犯，任其告知我們：對，你們是有權自決，但你們仍然必須依賴別人，必須繼續等候。為了求得談判條件，我們已經付出了太大代價（這些代價有些是我們要自己付，有些是阿拉伯人、以色列人、美國人和我們在第三世界的社會主義朋友要我們付）。我們不惜一再妥協，一再改變方向，變得（某些人覺得是如此）腐敗、遷就和投降。很多人開始相信，想要擺脫我們當前既無法求和又無法求戰的和稀泥狀態，唯一方法是改弦易轍，回到黎巴嫩什葉派或阿爾及利亞聖戰士走過的路線。

但我相信這只是一種退化心態。我們不可能希望讓一個宗教領袖或冷血無情的理論家來領導我們。但另一種方式可以解釋我們的不滿。我不認為我們可以繼續以從前的方式來看待自己，即把自己看成是其他成功反抗運動的模仿者或後繼者。在六〇和七〇年代，我們要自比為阿爾及利亞人或古巴人並不難，但現在，這種模式對我們再也行不通，而我們又還沒有發展出適合自己的模式。我們迄未充分評估過那些把我們捆綁為一個民族那些極端錯綜混雜的因素。我們一直沒有這個時間，因為我們面臨巨大壓力，而擺在我們面前的任務又是空前艱鉅。這任務亦不像修理汽車或進行研究調查那樣，具有明確目標或清楚的程序可循。

奧瑪清真寺（Mosque of Omar）內的鑲嵌畫修復工作，1984 年，耶路撒冷。

那麼，我們應該從哪裡開始？首先，我相信我們必須先弄清楚，是哪些力量讓我們成為一個有生產力的民族，而不是繼續仰賴某種外在於社會與歷史的阿基米德神奇原則。無論是住在巴勒斯坦裡面還是流寓在外，我們都不缺熱情與幹勁。其次，我們應該把著眼點放在年輕一代。因為他們都是出生在一九四八年之後，並不擁有一個祖國，也不懷抱一種簡單的巴勒斯坦命運，所以總是處在某個匯流點上：新與舊的匯流、阿拉伯與非阿拉伯的匯流，以及傳統與現代的匯流。因此，最重大的問題變成是：為了達成更可行的我者與他者的辯證（dialectic of self and other），我們的身分認同和歷史有哪些部分應該保存，哪些部分應該拋棄？這種知識可以積極和創造性地連接我們的現在與過去嗎，還是說我們應該宿命地放任世俗與神聖的法則主導我們的歷史？

註釋

①「綠線」是約旦河西岸與以色列分界線的俗稱，因在地圖上是以綠色標示，故名。

②前伊朗政治和宗教領袖。

③CARE為聯合國「難民救濟及工程」的簡稱，UNRWA為「四方援助救濟社」的簡稱。後面的CMS、ICRC、WHO分別指「研究移民中心」、「國際紅十字會」和「世界衛生組織」。

④古羅馬大詩人。

4
過去與未來
PAST AND FUTURE

哈拉比（Rafik Halabi）是德魯茲派（Druze）巴勒斯坦人，具有以色列公民身分。他當過記者，為以色列的電台和電視台報導約旦河西岸的情況。一九八二年，他寫了一本書，談他作為以色列阿拉伯人的體驗，又特別是談他在佔領區當記者的見聞。後來，因為報導了一些不利以色列的新聞，他被開除——身為受壓迫的少數族群的一員，他的這種下場並不讓人意外。但這卻不是他那本叫《約旦河西岸故事》（*The West Bank Story*）的書會那麼引人好奇的原因。不管是哈拉比本人還是大多數評論過這書的西方評論家都強調：作者是以忠實以色列人的立場下筆的。你很難懷疑他不是忠實的以色列人，因為他曾經在以色列國防軍當過兵，又贊成錫安主義，而且從不認為巴勒斯坦人建國是解決巴勒斯坦問題的好方法，或相信這是巴勒斯坦民族主義的最高發展。另一方面，雖然充滿真誠的愛以色列感情，但他書中幾乎每一頁都見證著以色列對巴勒斯坦人的歧視。他提到自己因為是阿拉伯人，所以總是受到猶太人猜疑；提到他在希伯來學校念書時，學校從不教巴勒斯坦人的歷史；提到自一九六七年以後，以色列便對約旦河西岸和迦薩地帶的巴勒斯坦人實施有系統性的懲罰、歧視和壓制。正因為這樣，讀者實在很難明白，哈拉比為什麼會在書中一再堅稱，他相信以色列對非猶太公民基本是公正的，又不帶諷刺意味地表示，以色列的非猶太公

一個巴勒斯坦村莊居民，1984 年，拉馬拉。

民已經「開始感受到民主的好處和自由生活的價值」。他不承認以色列的巴勒斯坦人面對著什麼基本矛盾，頂多願意承認他們面對著一個「兩難式」。《約旦河西岸故事》會表現出這種矛盾態度，原因要麼是作者被蒙蔽得太過，以致無法從自己蒐集到的證據裡歸納出正確結論（他被解雇一事便是活生生的證據），要麼是他在玩弄某種我完全看不懂的複雜修辭遊戲。結果就是，這書是朝兩個相反方向前進的，一方面是敘述作者的所見所聞（全都讓人非常洩氣與絕望），另一方面又穿插著一些樂觀的評論和解釋：在這部分的文字裡，哈拉比就像是在講述一個跟原來大相逕庭的故事。例如，他一方面自稱為愛國的以色列人，可另一方面又說自己「從未特別喜歡以色列社會」；然後，沒幾頁之後，他又讚揚以色列的電視台有功於破除「他在這方面的偏見」。

第一次看到上頁這幅摩爾所拍的精采照片時，我不期然聯想起哈拉比。相片中人是個年老的巴勒斯坦村莊居民，戴著一副一片鏡片破裂的眼鏡。雖然他的破鏡片觸目驚心，但整幅照片還是流露出一種壓抑不住的歡快氣氛。我想，它反映的正是某種一直流連在我們身上的二元性：難民而又是恐怖分子，受害者而又是加害者，等等。話是這麼說，但我並不喜歡隱含在這想法裡的意涵。如果認真看這照片，你不會看出它有任何感傷或軟弱的暗示：老先生一張堅強而溫和的臉；他的笑容顯然是發自真誠（哪怕有點一廂情願的味道）；他流露出一種友善和適度自信的態度，非常吸引人。裂痕是在他的鏡片上，不在他身上；雖然視線有點受影響，但他的另一隻眼睛看來完好無缺，多少可以看清楚眼前的一切。

這照片要告訴我們的不過就是當事人面對生活的矛盾態度。首先，他是自己同意被拍照的，而且沒有把眼鏡先拿下來或先加以修理。他調適得很好，對現狀看來尚感滿意（哪怕他兒子惹上了麻煩）。然而，看著他的時候，我卻困惑於他臉上的表情，似乎是愉快的解決了什麼事情，其實卻

圖中央是市中心的墓園區，1979 年，納布盧斯。

未必。我看到他一邊的鏡片是清晰的，而另一邊則是絕望的破損了。無疑，破鏡片對他影響不大，因為完好的鏡片仍然可以讓他看得清楚；另一方面，不管他看得有多清楚（或被看得有多清楚），他的視線總是有障礙的，也對任何看著他的人帶來少許困擾。所以，不管他的處境有多完整和安好，都無法掩蓋那不完好的部分。這是一種平衡中的不平衡狀態，讓人每一次在打量照片時都會有一點點困擾，其效果類似於哈拉比作品所表現的文本不平衡狀態。那也是一種意識上的不平衡狀態，就像我們雖然已經建立起巴勒斯坦人的身分認同，卻沒有能夠把我們早已公開宣稱並顯然連貫的政治、社會與文化人格跟我們歷史的雜亂無章給完全調和起來。

我們真的想得到解放嗎?真的想獲得獨立嗎?但我們的歷史並沒有什麼偉大篇章可資為我們指出未來的路向,這部分是因為我們的過去仍然是碎布似的、被醜化的和未被同化的,部分則是因為我們雖然得忍受被驅散的苦難,卻沒有被迫(或有能力)起而鬥爭,改變我們的處境。我們沒有一個關於巴勒斯坦文化、歷史和社會的主導理論,也沒有一個核心意象(如「出埃及」、「納粹大屠殺」、「長征」等)可以憑依。我們缺乏一個完整和一貫的論述,而我懷疑,即便此時有人可以建立這樣的論述,我們也無法有效利用。我們身處的空間是混雜的,包含著過去,但我們並不理解這個過去。我們就像是在一片沒有地圖和只有部分探勘過的土地上漫無整體規劃地進行著建設。我們是缺軸心的,是無調性(atonal)的。

也許,缺乏條理的只是我本人,是我能力不夠,才無法融貫地、有次序地和邏輯地把事情給組織起來;也許,我在哈拉比的書中或那個戴破眼鏡的老人臉上所看到的猶豫不決,只是出於我的想像。我是站在一個距離之外書寫的。我沒經歷過他們的創痛。如果我有經歷過,說不定就不難找到一個直接而簡單的論述,把我們的歷史故事給述說出來。每當放任自己去相信巴勒斯坦人遭遇的一切都是源自一個單一的源頭，我輕易就可以看到一幅條理井然的圖案，其條理分明的程度不亞於任何其他的不幸故事。根據這種假設，加上檢視各種間歇出現的證據（另一次被屠殺、另一次被出賣、另一次重大失敗），我們輕易便可以建構出一個結論，認定我們一切的不幸全是一個專門對付我們的陰謀在搞鬼。就像任何被迫害妄想狂的建構物（paranoid construction）一樣，若是「正常」的世界願意配合，這種建構物是可以（只是「可以」，不是「必然」）被當成真實的。問題是我們的論述一般都是不被承認的，甚至沒多少人承認我們有提出論述的權利（會為我們的論述廣為宣傳的人更少之又少）。作為棄兒，我們總是不斷受到審查和阻斷，只能偶爾向漠不關心的世界發放出一兩個信息。但不管怎樣，我都無法長久相信上述那種被迫害妄想狂觀點。

不過，有一些事實在我看來卻是無可爭議的。第一，從歷史的角度看，我們基本上是一個任人擺布的民族，是古典帝國主義裡的順民或次等民族。我們會一再被遞解出境，一再被擾亂，一再被奪去財產，理由都是同一個：巴勒斯坦人不是一個凝聚的民族（凱納法尼最悲哀的其中一篇小說〈悲傷橘子的土地〉〔The Land of Sad Oranges〕以一個雅法家庭的遭遇道出巴勒斯坦人的這種命運，它所流露的悽楚在我們的文學裡幾乎無人能匹敵）。在我

被以色列當局釋放的巴勒斯坦平民，1967 年 6 月。

看來，我們的眼睛都是徹底朝外看的，以一個外在權威的觀點為觀點。情形就像是我們把一個外在權威的觀點給內化到自己裡面，並參與到它的計謀中。這焦點有時是聯合國，有時是這個或那個阿拉伯國家和它的領袖，還有些時候，我們是集合在一個解放的觀念下。不過，大部分時候，我們都是處在以色列的股掌裡。

我們已經習慣了缺乏軸心的角色。巴勒斯坦人基本上是個過客：手裡拿著行李或一包細軟，隨時準備好再一次越過邊界逃亡，把辛苦建立的一切留在後頭，供別人享用。這讓人不能不懷疑，巴勒斯坦人的毛病正在於太具流動性，適應能力太強。是不是就因為這樣，我們才會無法制止自己在一九四八年被驅逐出巴勒斯坦？顯然，在抵抗恐怖驅逐一事上，我們並沒有太多可稱道的：我們的腳跟不夠堅定，組織不夠緊密，戰鬥的決心不夠堅決。我們當然可以辯稱，我們之所以沒有誓死反抗，是因為無法預見後果會是如此慘痛。但這個解釋現在已經被證明只是藉口，因為同樣的事情在一九六七年又再重演了一次：我們明明已經得過教訓，卻還是再一次把財產丟在後頭，倉皇逃跑。我姑姑娜比哈常常嘀咕，她搞不懂在五〇和六〇年代的拉馬拉和耶路撒冷，人們為麼要把房子蓋那麼大和那麼美輪美奐：難道他們完全沒想過有可能會失去這些房子嗎？為什麼他們沒有為即

6 月戰爭後被迫流亡的巴勒斯坦人。1967 年，阿倫比橋（Allenby Bridge）。

將來臨的艱難歲月預作準備？她認為，我們會落到現在的樣子，是因為動員不夠，決心不夠，沒有充分運用我們的意志力去組織一支比「他們」更難纏的力量，奪回原來的家園。

第二個無可爭辯的事實是，我們會喪家失產，以及這種狀態會延續到今日，歸根究柢乃是錫安主義與美國的結盟所致。在近年出版的《巴勒斯坦一九四八：驅趕》（*Palestine 1948: L'Expulsion*）一書中，桑巴（Elie Sanbar）力主，這個聯盟乃是衍生自資本主義的歷史發展過程。他說，當本古里安加入投靠美國的潮流時，他完全清楚自己在幹什麼。正如桑巴所顯示，在二次世界大戰之後，美國的政策制定者非常樂意在一個遙遠而充滿敵意的地區建立起自己的勢力，而為了可以從零建立一個國家，遂把巴勒斯坦說成一片「無人之地」。在他們看來，以色列神話似的誕生，以及後來驚人的富庶繁榮，在在都佐證了資本主義發展軌跡的合法性。確實，美國和錫安主義者的關係深厚得令人動容。在美國眼中，以色列的地位不同凡響，以致最近才有人以此為主題，寫成《美國心中的以色列》（*Israel in the Mind of America*）一書：其中對美以兩國的關係有著牧歌式的描寫，卻幾乎沒提這種關係對巴勒斯坦人帶來的巨大剝奪。在它的描寫裡，巴勒斯坦就像是一片朦朧地帶，住著一些正在搬走而面目模糊的原住民，**後來**，美國經過認真考慮，決定讓值得嘉許的錫安主義者住進去，以便給它帶來開發和繁榮。任何希望了解自己痛苦處境的巴勒斯坦人都必然會注意到美國官方是如何近乎全面地壓制我們。一個又一個的美國文化界、政治界和宗教界聞人向以色列輸誠表忠，而美國政府則對以色列提供天文數字的金錢援助，並不停歇地譴責恐怖主義（這一切都是發生在以色列對我們進行刑求、殺戮、系統性地奪去我們土地財產的同時）。不只我們的痛苦是以色列和美國一手造成，它們還運用強大的宣傳機器把我們飽受痛苦的**真相**給幾乎全部掩蓋了起來。我會說「幾乎全部」，是因為自一九八二年起，情形便略有改變。自那之後，一系列由穆格拉比（Fouad Moughrabi）和楚雷克等阿拉伯裔美國學者主持和由大型民調公司執行的民意調查顯示，美國的中東政策與美國民意其實頗為相左：大多數美國人不但**贊同**讓一個巴勒斯坦人國家建立，也不像一般以為的那麼苟同以色列的政策。儘管如此，以色列和美國的政策繼續一致得驚人，近十年來尤其如此。只要美國官方繼續如此偏袒以色列，它就等於是我們的敵人。這是一個無可辯駁的事實，是任何美國錫安主義者經過捫心自問後無法不承認的。

第三個事實是，在當今的世界體系中，沒有任何方法、途徑和角度可以讓我們擺脫那些把我們逼入現今困境的事件和因素而被別人獨立看待。

向來訪者炫示體操技能。1983 年，伊爾比德（Irbid）附近的傑拉什（Jarash）難民營。

我可以講得更白一點。對我們來說，最不幸的事實莫過於我們被描繪為猶太人的敵人。沒有一種道德或政治命運要比這更糟的了，完全沒有。近年來有關「納粹大屠殺」（Holocaust）的討論非常多，而我發現，人們總是把以色列和「納粹大屠殺」連在一起來談，認為前者是後者的補贖。我敢說，在「納粹大屠殺」發生的一個世代之後，我們也成了這場大屠殺的受害者，哪怕我們沒有經歷過歐洲猶太人經歷的驚心恐怖。與被屠殺的歐洲猶太人相比，我們的遭遇當然顯得無足輕重，就像是正在遊戲場裡玩耍的小孩子，然而，即便我們正在玩耍，我們也不能享受，人們並沒有等閒視之，不認為我們只是在玩耍。只要是我們站立的地方，則任何遊戲場都會被視為「孕育恐怖分子的溫床」，而我們打發時間的任何消遣都會被視為「摧毀以色列的密謀」。不管我們身在何處和做些什麼，人們要麼會認為我們是有危害性的，要麼會認為我們不值一顧。

不過，在以巴衝突歷史的現階段，更讓我目眩的不是錫安主義者如何迫害我們的大輪廓，而是一些深具反映性的小徵候。我們常常會對這些小徵候一笑置之，而這正反映出我們面對生活所一貫欠缺的決心態度。如果仔細觀察，你便會發現，打壓我們的暴力已經侵入到我們生活的每一個小角落，哪怕在我們自以為最安全的地方也一樣出現敵人的蹤影。一個例子是，巴勒斯坦人的一道主要菜餚現已被竄改為一種以色列食物：塔布利（tabooleh）①在一些餐廳的菜單上被稱為「基布茲沙拉」（kibbutz salad）②。又例如，希伯來文用來拼寫阿拉伯字詞的標準方法現在完全被美國媒體採用（這一點讓我憤怒到無以復加）。過去，阿拉伯語的喉音h都是被寫成h，但自一九八二年起，包括《紐約時報》在內的許多大報都把它寫成kh，而這正是一種接近希伯來文的拼寫方法。因此，黎巴嫩境內最大的一個難民營Ein-el-

阿克（Acre）的巴勒斯坦年輕人喜歡在老港口的城牆上跳水，躍入海中。

Hilwé（艾希韋）便被拼成了Ein-el-Khilwé，這無意之中開了一個有惡意的玩笑。Hilwé原指「甘甜」，而Ein-el-Hilwé便是「甘泉」之地，然而，Ein-el-Khilwé卻意謂「空地裡的一口泉」。在這種新拼法裡，我彷彿看到了難民營反覆被夷為平地的過程，看到了以色列清空巴勒斯坦難民營的決心。反過來說，阿拉伯文裡的kh直到最近都被美國媒體拼成kh（發音相當於loch中的ch），但如今卻一律被改拼為h，以致Karim Khalaf（加拉夫）③被改成了Karim Halaf。

我們承受得了多少這種微不足道的惡意？阿克（Acre）和雅法都是有著豐富阿拉伯歷史的巴勒斯坦大城市，也曾被一些歐洲聯軍佔領過：崔姆—路普（Trevor-Roper）④的封號「阿克爵士」（Lord Dacre）便是一個十字軍的頭銜。我認識許多來自這兩個海岸城市的巴勒斯坦人，他們對故鄉都無比思念，極度緬懷在那裡度過的年輕歲月和各種快樂回憶。普魯斯特說過，所有記憶都是永存的，堅固而耐久，可以被人在此時此刻喚起，重新經歷。不過，普魯斯特要是活得更長命，便會知道，記憶是可以被官方收編的，是可以——如約翰·柏格（John Berger）所說的——被歷史收編的。我們知道，歷史只為歷史學家而存在，而歷史學家又會按權力和合宜（respectibility）的要求而重寫歷史。幾星期前，我走過一個同事的辦公室，看到門上貼了一張演講通告（這同事老是在門上張貼演講通告，提醒別人去參加各種支持正義事業的演講。這些演講有鼓吹反南非種族隔離政策的，有反核武的，有反對出兵尼加拉瓜的，有支持女性主義的，但就是從來沒有有關巴勒斯坦人的）。那通告第一個跳入我眼簾的字眼是「阿克」。但等我定睛細看，卻洩氣地發現，通告的內容完全不出我的料想。演講的題目是「十字軍時代的阿克：黎凡特地區一個中世紀城市簡介」。講者是個以色列人，在希伯來大學任教。這樣的演講——跳過阿克的阿拉伯遺產不提，直接把它說成是中世紀城市，而且又是由一個以色列的猶太人來詮釋——當然讓我極為惱怒。我接下來的舉動可憐又可笑，但也是我唯一能做的事：我環顧四周，確定沒人看見，便把通告撕下來，摺起，放進公事包，帶在身邊六個星期到處去。

在夏隆（Ariel Sharon）控告紐約的《時代雜誌》誹謗之後⑤，報紙上滿是有關這官司的討論：討論他是有罪還是無辜，討論這官司對美國誹謗法條的意涵，討論判決結果將會對猶太人的良知有何影響等等。例如，在宣判第二天，《紐約時報》便登出四篇評論文章。然而，這些文章無一是巴勒斯坦人所寫，而且全都把夏隆當成普通人看待，或把這事看成普通的民事訴訟。四位評論者也完全未想過，這事情所涉及的不只是民事訴訟，甚至不只涉及被屠殺的受害者，而是還關於整體巴勒斯坦人的處境（屠殺事件是這處境的一部分）。只有在極罕見的情況下，當人們需要從對「恐怖分子」或「狂熱分子」的例行撻伐中透透氣，媒體才會拉出一個「阿拉伯人」（我們被認為跟其他阿拉伯人無甚分別）發表意見，但這個評論者的口氣總是開明或溫和，毫無威脅性，所說的話無一涉及我們的現實處境。

我想，這些對我們生活的小侵犯都是指向同一個目的。在我看來，以色列與其說是一個真正的地方，不如說是一股勢力，它帶著無比的力量和決心，要編織出一張圖案正邪分明的地毯。這地毯也許是我想像出來的，也許只是我的被迫害妄想狂作祟，但我就是在人們把恐怖主義當成全球性現象討論時（這種討論幾乎無日無之），無法不在字裡行間聽出他們把巴勒斯坦人和恐怖主義劃上等號，又把以色列歸到正義的一方。如曰不然，想想看華盛頓的納坦雅胡學院（Netanyahu Institute）是為何而建的？是為紀念約納坦·納坦雅胡（Jonathan Netanyahu）這個人而興建的。約納坦·納坦雅胡又是何許人？是突擊恩德培（Entebbe）機場的英雄⑥，是抗擊所有恐怖主義的戰士。

同樣地，國際法庭雖然是仲裁戰爭行為（如越戰）的重要機制，但一涉及以色列的作為，國際法庭便會自廢武功。我一個跟國際法庭關係極深

從雅法（Jaffa）老城區依稀看得見的新城區，1979 年。

的同事於一九八二年以色列入侵黎巴嫩期間突然打電話給我，說有一個委員會已經組織起來，準備調查以色列的戰爭罪行；他說他準備加入，但拒絕透露更多。同一時期，諾貝爾和平獎得主暨國際特赦組織的創立人馬克布萊德（Sean MacBride）也協同一群傑出的法理學家著手於同一調查，後來寫成《以色列在黎巴嫩》（*Israel in Lebanon*）一書，揭發以色列各種暴行。但這書只在英國出版，從未能在美國出版。至於我那個同事，後來毫無下文，只有在國際法庭舉行儀式性或紀念性活動時才會現身。

我們沒有法庭可以申訴。我們被認為是罪犯，完全不是什麼受害者。雅法的阿拉伯人城區顯得毫無份量，被認為只是對一片遙遠前景的干擾。

我一直想說的是，我們迄今沒有用足夠的力度把長期雜亂無章的生活整理出一個融貫的模式。充其量，我們（我本人便是一個例子）只是從別人看待我們的模式裏提出一個對比的模式。但因為那模式不是我們自己創造的，所以我們只能是它的效果、勘誤和反論述。每當我們設法論述自己，都會因為陷在**別人**的論述裡而發生錯位。

他們使用的是一種權勢的語言，特別是在美國（這是以色列最無比依賴的國家），他們表明姿態的聲明一個接一個，讓人見識到他們的危害性有多大。例如，美國各個猶太組織的影響力都大得驚人，有能力讓任何敢為巴勒斯坦人說點好話的人事業受挫：凡妮莎．蕾格烈芙（Vanessa Redgrave）、芬雷（Paul Findley）、麥克羅斯基（Pete McCloskey）和珀西（Charles Percy）都曾經身受其害，而他們只是眾多受害者中較著名的幾個。一九八五年二月二十五日，美國以色列公共事務委員會（American Israel Public Affairs Committee, AIPAC）的頭頭宣稱，他們現今「擁有一個歷來最親以色列的美國國會」，言下之意是，任何以色列想推動的立法，都可望在美國國會通過。目前，有七十到八十個參議員是他們的人，若是行政當局或總統膽敢對哪個阿拉伯國家進行軍售或膽敢稍稍批評以色列，便會受到這些參議員砲轟。自一九八二年以來，猶太兄弟會（Bnai Brith）、AIPAC 和其他猶太組織共出版過三、四本書，用敘述或百科全書的體裁指認美國有哪些群體是親阿拉伯和親巴勒斯坦人。這一類工作是我們自己該做卻迄今沒做的，他們卻幫我們做了。

另外，一些重要的美國雜誌都把不批評以色列明定為政策，即便批評以色列也只會從錫安主義的角度加以批評。所有有關以色列的文章都要由猶太人或以色列的支持者執筆。尤有進者，現在的美國媒體和以色列遊說團體之間雖然存在著幾乎掩蓋不住的相互敵意，但遊說團體照樣能夠把支持以色列的言論塞給媒體，以及在媒體說話不中聽時（如膽敢把巴勒斯坦

賣水人，1984 年，耶路撒冷。

人當成民族而不是恐怖分子看待或批評以色列的鐵腕政策不文明），就用校長訓斥學生的語氣訓斥媒體（由於英、法、德、義和西班牙的媒體一般都被認為是親阿拉伯的，所以美國的猶太人組織乾脆懶得理它們怎麼寫）。

這種全神警戒的宣傳攻勢透露出，其推動者是那麼的狗急跳牆，乃至不惜要求它的親附者付出巨大代價。不過，如果你的推行運動有需要一個虛擬的思想警察去維護，就代表這運動有哪裡不對勁。我不樂見我們做同樣的事，也未聽說過有巴勒斯坦人做過這樣的事。要是我們目前的卑下處境有任何值得安慰之處，那就是我們的敵人得花好大一番功夫才能把我們遮蓋起來或假裝我們不存在。例如，有一個政治哲學家曾主張，以色列代表著錫安主義者夢想的實現。對這樣的理論而言，一個巴勒斯坦攤販（一個非猶太人和次等公民）的存在乃是嚴重的瑕疵，所以這個理論必須祭出各種說詞，去把那個攤販給邊緣化。為什麼呢？因為他的存在會讓人記起巴勒斯坦在以色列未建國前是有原住民的。那個政治哲學家本來是反對殖民主義的，但面對以色列宰制巴勒斯坦人的現象，他卻改口說殖民主義未必是壞事，說既然猶太人具有不可否認的道德權利，那他們實行的殖民主義斷不會是邪惡的。不過，這種理論對那個小販毫無影響，他繼續沿街叫賣，過自己的日子。

再以美國人對佔領區內激進學生的態度為例。這些學生名副其實已經成了對抗佔領的尖兵，但他們也付出了重大代價：或被逮捕，或房子被拆毀，或是就讀的中學或大學被關閉。如果這種事發生在世界別的地方，美國早有一長串的教授起而抗議，指責以色列侵犯學術自由。然而，除了少數勇敢的人是例外，實際情形恰恰相反。若干年前，有個以色列某大學的東方學家到哥倫比亞大學造訪，而他湊巧也是佔領區官員（但看來沒有與會人士為這種湊巧的事煩惱）。校方為他辦了幾個小型聚會，出於我至今搞不懂的原因，我也受邀參加其中一個聚會。雖然只待了幾分鐘就離開，但在場那些自由派學者對該貴賓的恭順態度真是讓我看傻了眼（要知道，這些學者對美國政府的兇悍態度是出了名的：當時越戰正打得如火如荼）。我一個同事甚至稱頌以色列能讓佔領區內的居民保持自由猶如是達成了一個「奇蹟」。他問那個以色列學者，你們是怎麼能把分寸拿捏得恰到好處的？

當然，自那以後，我們的處境只有愈來愈糟。儘管如此，你仍然幾乎不可能指望美國的知識分子會聯合起來，集體對以色列施壓，要求它終止審查書本報章和學校課程的政策，或要求它不得以一個文化展覽威脅到國家安全為理由而關閉一家大學幾個月。另外，以色列還實施一種近乎是種族隔離的措施，因為根據法律，阿拉伯人和猶太人的權利不是平等的，阿拉伯學生的地位永遠低猶太學生一等。還有一個事實是美國的知識分子視若無睹的：以色列不只跟實施種族隔離的南非勾結，還跟幾乎每個第三世界的右翼獨裁政權過從甚密。美國很少有這方面的報導，因為相關的報導通常都會被壓下來。我有一次問一位知名的學院界朋友，他造訪以色列期

奧瑪清真寺裡的《可蘭經》研經班，1984 年，耶路撒冷。

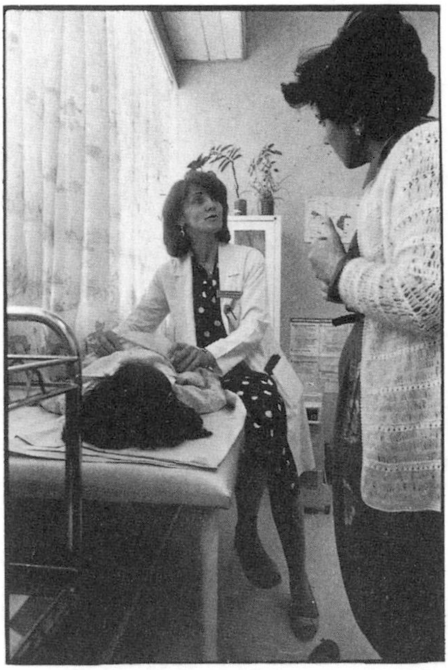

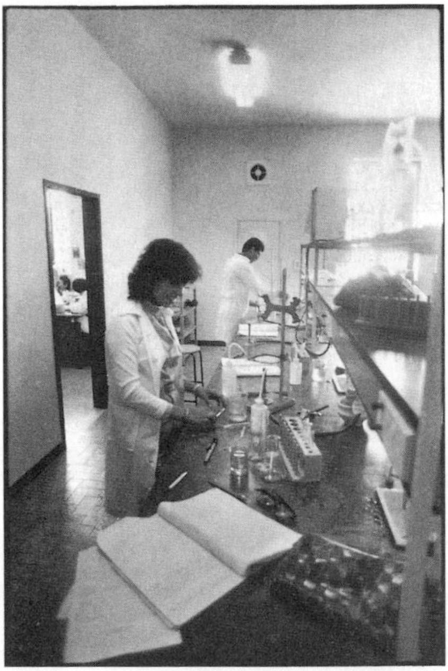

（右）兩個學生在比爾澤特大學的化學實驗室裡做實驗，他們隔壁的教室看來正在上課。1984 年。

（左）奈韋娃．布魯斯（Najwa Khoury Boulus）為病人看診，她是約旦大學附設醫院的小兒科醫師。1984 年，安曼。

間為什麼不接受比爾澤特（Bir Zeit）大學的邀請，前去演講。他說，這是因為代表校方邀他的那群英國「朋友」（全都是知名學者，包括李約瑟〔Joseph Needham〕、阿蒂亞〔Michael Atiyah〕和雷蒙．威廉．詹姆斯〔Raymond Williams〕等）實際上是一個「阿拉伯陣線團體」（Arab front group）[7]。我當時啞口無言，不知道該說些什麼，就像「阿拉伯人陣線團體」一語便足以事先消解任何反駁於無形。

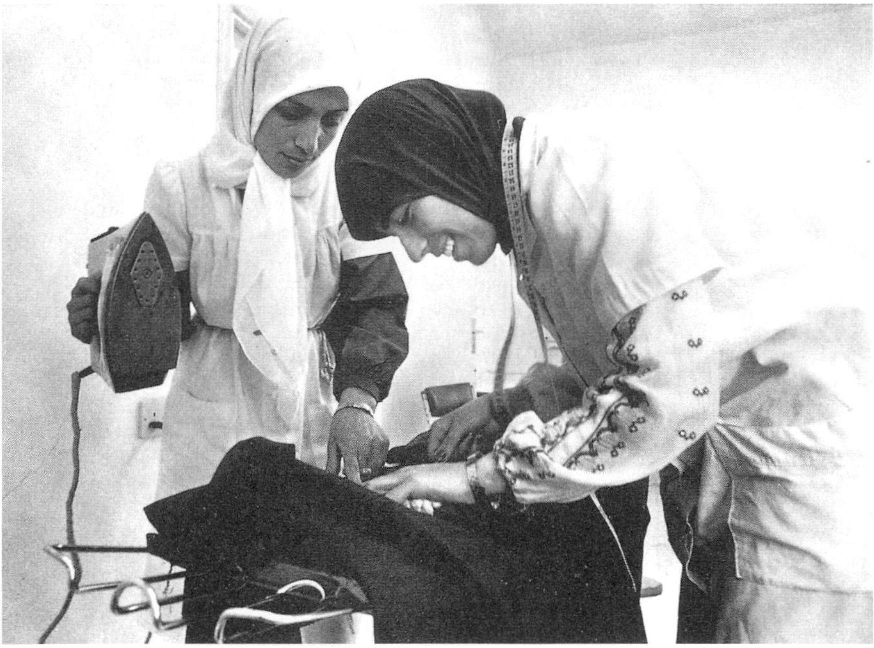

女裁縫，1984 年，安曼的巴克阿難民營。

不過，只要看一看耶路撒冷一群伊斯蘭學校學生學習的情景，我們便可以寬慰不少。他們全神貫注的學習態度足以反制任何想要把他們變不見的狡猾伎倆。我說這話是從一種非宗教的觀點出發，完全不是要鼓吹所謂的「伊斯蘭教復興」（那是今日反以色列各種勢力一律高舉的旗幟，就像他們除了靠伊斯蘭教以外再也找不到別的反佔領動力）。我真正的意思是，巴勒斯坦人的局部專注力（專注於工作、家庭、老師或朋友等）事實是許多潛在的突破口，可以在美國／以色列編織那張無縫的論述羅網戳出缺口。

在工作上，我們遠不是無足輕重的人，只能在一些不起眼的地方幹些零碎活。正相反，透過專心於手邊的工作，我們業已形成了一股具體的力量。這力量是瀰散和去中心化的，有時連我們自己也會察覺不出來，但它給我們一種破碎的尊嚴。）。摩爾拍攝那一系列有關巴勒斯坦人在工作或學習的照片，若分開看，似乎是無所說明的，然而，若合在一起看，便會顯示出一種無比投入或嚴肅認真面對生活的態度。安曼的巴克阿難民營女裁縫，兩個在比爾澤特大學化學實驗室做實驗的學生（他們隔壁看來正有一群學生在上課），安曼大學附屬醫院的女醫生：這些照片沈默卻有力，傳達的共同訊息是當事人的心無旁騖、專心致志。摩爾的風格是透明的：他讓我們看見了巴勒斯坦人自我維持的過程，看見他們如何在一個被困住的處境裡努力地把當前的事情給做好。

除兩個年輕女子所戴的伊斯蘭頭巾外，這些照片完全沒有透露是什麼樣的歷史把這些巴勒斯坦人（工人、學生、醫師和技師）帶到目前的隘口。在每一張照片中，我們看到的都是當事人聚精會神、想辦法解決問題的樣子，而儘管我們知道他們身處的大環境是不牢固的，但他們充滿幹勁的樣子仍然讓人有鬆一口氣的感覺。看似無可奈何，但對他們的困境而言（一

一座電視天線林立如森林的城市，1979 年，耶路撒冷。

種目前尚無清楚解決辦法的困境），他們的工作態度乃是一種完全成功的策略。

這是一種只顧眼前的態度嗎？是一個受局限民族的局限性努力嗎？我不這麼認為。摩爾這些照片證明，不是只有裝腔作勢的民族主義者形象才足以代表巴勒斯坦人。相反地，在這些照片裡，我們看到的是一些把世界視為世俗場地、並不緬懷什麼「崇高」理想的巴勒斯坦人。這些人懷著決心和勇氣，去應付日常生活世界對他們提出的要求。所以，這些照片所記錄的不是什麼雞毛蒜皮的小事，而是一系列彼此相關的場景，記錄著人們把某些無法形容的創痛和經歷過的浩劫暫置一旁，以確定無疑的決心面對當前的問題，加以解決。我逐漸體認到，這些人都是最不能被化約的巴勒斯坦人。

有關這一點，還有更多需要說的。放眼整個阿拉伯世界，急速的發展都帶來了混雜的文化風格：現代西方的衣著、活動和建築被添加到傳統環境和傳統生活方式上。為了表象這個過程，很多照片喜歡表現一座古老城市被收音機天線和電視天線籠罩的模樣如前頁。這種照片讓你看到，兩個傳統（一個是本土的，另一個是外來和西方的）是如何地以一種笨拙的方式互相牽制。看到這種照片，我們很容易會在心裡衡量現代化的得與失，

奧瑪清真寺，1984 年，耶路撒冷。

雅法門（Jaffa Gate）附近的城垛，1984 年，耶路撒冷。

很容易會假定這兩個世界充滿緊張關係。然而，我相信，更公允的表象方式見於如前頁另外一種照片，這種照片以一棟具有代表性的傳統建築為焦點，其他象徵現代性的事物環繞其四周，就像是臣服於該建築之下。這種照片表現出新與舊的混合是一個更緩慢和更幽微的過程，表現出古老和傳統的力量仍然強大，而一切新事物都會按舊力量規定的方式被吸納和再導向。

然而，這兩種觀點都未能充分地照顧巴勒斯坦人自一九四八年之後發展出來的局部化生存狀態。喪家失產和分離流散讓「我們」與我們所湊巧落腳之處存在著不協調。我們每個人都強烈感受到失去家園和失去歷史的創痛，而這分享的創痛也成了我們不同生活的共同根基。我們無法不把我們過去的累積視為一個裂隙，它形成了一道看似不會改變的深溝，把我們跟我們迄今無法達到的民族實現遠遠區隔開。作為以色列境內的內部流放者，作為約旦河西岸和迦薩地帶的無主權居留者，作為難民和顛沛的流寓者，我們都不太可能重獲定居性的民族存在方式。我們跟我們過去的連結不只在一九四八年被切斷，還週期性和儀式性地受到以色列對我們民族性所發起的戰爭反覆切斷。只要我們在哪裡（如約旦和黎巴嫩）重新建立起我們的民族重心，這個重心都會再次被摧毀。以色列部隊為什麼要在一九八二年九月把我們的檔案文件一車車從貝魯特載走，其用心是昭然若揭的。

我相信，這些痛苦事實的嚴苛性已被我們吸納進我們對「現在」（the present）的觀念裡。我們的「過去」仍然存在（存在於彼處），但因為它是無可贖回和無可到達的，其質地便會變得像古老城牆一般斑駁和缺乏個人色彩，是你既無法擁有又無法穿透的。另一方面，奇怪的是，「過去」的這個方面又是可以再銘刻在「現在」的。如果你明白了現在擁有的一切有一天會再次永遠失去，你就知道應該多看重你即時的處境。因為明白了「回家」是不可能的，你遂學會把「喪失的力學」（mechanics of loss）轉化為一種

「不斷延後回歸的形上學」（constantly postponed metaphysics of return）。戴爾維什的詩這樣說：

但我是個流離者。
用你的眼睛封起我。
帶我到你要去的地方——
讓我當你要當的人。
還給我臉孔的血色、
身體的溫暖、
眼與心的光芒、
麵包的鹽味和節奏的風趣、
土壤的滋味……大地之母。
用你的眼睛遮擋我。
把我當作傾倒莊園的一件遺物帶著。
把我當作悲劇裡的詩句帶著；
把我當作玩具，當作房屋的一塊磚頭帶著，
好使我們的後代記得回歸。

苦路（Via Dolorosa）[8]上舉行的朝聖活動，1979 年，耶路撒冷。

在可見的未來，「部分」對我們的價值都要勝過「全部」。碎塊要勝於整體。不停的遊牧活動要勝於在佔來的土地上屯墾。批判要勝於認命。憤怒的英雄氣概要勝於別人施捨，受限制的獨立性要勝於當附庸。我們應該保持專注而警覺，做別人所做著的事，但又要保持某種疏離。以零碎的方式述說你零碎的故事。

讓這一切圍繞著猶太人放逐與歸國的封閉軌道進行，又介入這軌道。有時我會覺得，我們的流浪要比他們那種討人厭的緊閉門窗式的回歸更可取。寧取前途未卜的世俗成分，莫取直截了當的神聖救贖。

⁂

我們的過去展開在這支由老婦人、不知名落隊者和無精打采的小孩所組成的送葬隊伍中。它的基本顏色是黑色：教士的袍服、女人的長裙、男人的西裝。它們全都意味著死亡，以及隨之而來的種種：鋪張的午餐、宗教木乃伊、宗教朝聖和貶值的儀式。我們是浸泡在宗教裡的，但它只有一個小角落是我們看得見的，也只有一小部分是關心我們的。巴勒斯坦何其有幸，竟不止一次受到宗教和「世界末日」大戲的青睞，而是一共三次：猶太教、基督教、伊斯蘭教。愈後者愈嚴峻、愈少人理解，愈惹人憎厭。揭開宗教假話的美麗外表，我們便會看到一口由無恥謊言構成的大湯鍋，

走在「苦路」上的猶太教教士，1979 年，耶路撒冷。

希布倫（Hebron）的亞伯拉罕（Abraham）清真寺，1979 年。

裡面沸騰著獸性、鮮血和無數的屍體。

無論人們有多樂意原諒但丁（Dante）、麥阿里（Ma'arri）⑨或沙貝塔伊·澤維（Sabbatai Zvi）⑩對巴勒斯坦光環的剽竊，我都斷不會原諒一些當代基本教義派（不管是猶太教、基督教還是伊斯蘭教的）對巴勒斯坦土地及其無助居民的荼毒。法威爾（Jerry Falwell）⑪和其信眾都是以色列的堅定支持者，每次造訪以色列都會受到特殊禮遇，包括有專業導遊帶他們到處參觀，以及受到以色列高級官員的接見。但這些人的胡說八道足以讓人驚呆，讓人懷疑他們是不是十足的瘋子。這些基督教基本教義派分子相信，俄國人和以色列人——分別代表歌革族（Gog）和瑪各族（Magog）⑫——將會有一次世界末日大戰，而俄國人會戰勝，引起基督的干預（但基督不會在所有猶太人死光前加以干預）。這期間，真正的基督徒會袖手旁觀，興高采烈，而等基督消滅俄國人，會把耶路撒冷賜給基督徒，讓他們從那裡統治全世界。

至於第三聖殿運動（Third Temple Movement）⑬的猶太基本教義派，或「信仰者集團」（Gush Emunim）⑭的狂熱分子和他們在復興黨（Tehiya party）⑮的追隨者，則有另一套瘋狂程度不亞於激進基督徒的世界末日構想。這就不奇怪，伊斯蘭教的基本教義派會齊聲回應，他們就像布萊克（Blake）⑯幻

阿莉婭女子學校（Ahliyah Girl's School）⑰一年一度的賓客之夜。表演節目結束後，來賓與學生家長趨前跟聖公會主教庫利（Ilya Khoury）打招呼。1984 年，安曼。

想裡的幽靈，或是雪萊（Shelley）晚期的啟示錄式詩歌那樣，完全不講究論證，只把一幅模糊但血流成河的畫面鋪展在你面前。「聖戰」（Jihad）和伊斯蘭教教法都具有一種反動力量，可以鼓動起年輕男女進行自殺式鬥爭，而這是任何世俗解放運動難以望其項背的。

現今，主宰我們生活的是這種酒神式狂想，哪怕媒體總是不成比例地聚焦在它的伊斯蘭教展現。這一類精神錯亂的想像到底是撕裂黎巴嫩的宗派激情的副產品，還是東西方對峙的殘餘物，還

聖墓教堂（Holy Sepulcher）內的觀光客，1979 年，耶路撒冷。

是十字軍、宗教審判和宗教改革的粗糙千禧年激情的遺毒，我不知道。我只知道，這一類激情跟我成長期間所被撫育成長的那種枯燥乏味的新教氣氛大相逕庭。在我童年時代那些冗長的虔誠的星期天，我們總會連續參加三場禮拜（英式、美式和阿拉伯式的），然後在中午吃一頓飽飽的大餐。當天不容許有任何娛樂活動，頂多是在四、五點聽聽英國廣播公司的歌劇節目。當摩爾向我談到他在安曼碰到當地的聖公會社群時，我滿懷鄉愁地油然憶起這一切：因為三〇和四〇年代耶路撒冷那種平淡的宗教氣氛就是他們引入的。我還記起我的祖母，她總是溫和又無效地拒絕喝聖杯裡的葡萄酒，因為根據新教教義，星期天是不可喝酒的。對於聖經，我祖母是個字面主義者，認定每一句話都是來自上帝，必須按照字面解釋。不過，對她來說（就像對我們小孩子來說一樣），聖經裡真正重要的部分是故事：摩西和法老王的對話，約瑟與波提乏（Potiphar）妻子的對話⑱，耶穌與彼拉多⑲的對話。她把這些故事娓娓道來，又總是不厭其煩地用這些故事提醒我們，有些人（真實的人而非長翅膀的聖徒或虛構的英雄）就是能夠不懼權勢而堅守正直和正義。她非常擅長講述那些高潮的場景，而且每次講述前一律以這句話作為提醒：「看著我這裡。」確實，我們看到的都是一些真實的男女，一如他們講述的是一些真實男女的故事。

但這一切如今都被喧囂洶湧的千禧年願景（visions）給淹沒了，但這些願景實際上是盲目的，因為它們並未看見生活在日常世界中的男男女女的需要。所以，倒不如當個聖地的世俗觀光客，雖然受貨幣兌換和語言障礙的困惑，仍勝於追隨牧師、伊瑪目和拉比那種言之鑿鑿的宏偉願景。但這些宗教人物現已成為巴勒斯坦土地的固定部分，無法改變，所以，問題變成是，我們要怎樣才能繞過這些人，或怎樣才能正確利用這些人，才不致落得完全無家可歸。札耶特有一篇短篇小說從側面反映出我們的處境是如何比狗還不如。小說的主角是一頭狗，名叫薩馬爾（Sammur）：當英國軍隊入侵馬切布萊村時，牠攻擊英國人（你可以把他們當成牧師的象徵）；繼英國人之後來了阿拉伯軍隊，然後是錫安主義的士兵，而薩馬爾對他們一律充滿敵意。但至少牠可以回到村子，死在家裡，不像牠主人一家那樣遭受驅逐，顛沛流離，無法回返。

⁂

寫這書和反覆觀看摩爾所拍照片那幾個月期間，我內心都被葉慈（Yeats）的兩首詩所縈繞，一是〈麗達與天鵝〉（Leda and the Swan），一是〈在學童中間〉（Among School Children）。它們因為耳熟能詳和具有一種異乎尋常的留駐能力，竟讓我在事隔多年後從一個不同的脈絡得到新的領悟。

一九七二至七三年間，我利用教授休假的機會在貝魯特住了一年，其間，哥大的同事和好友杜皮（Fred Dupee）來探望過我。他入屋後馬上注意到我把葉慈的《詩集》帶在身邊。「你的葉慈也來了，奇怪。但很高興在這裡看到他。」他說。確實，雖然葉慈喜歡使用愛爾蘭和古希臘的典故，但他的作品自一九六七年後巴勒斯坦復興時期的早期起，便經常影響著我的思想與行為。這種關聯不是偶然的，因為葉慈有一種本領，那就是首先聚焦在一個遙遠的歷史瞬間，然後讓它們跟當代的典故串連在一起，從而形成一種嶄新而又常常出人意表的情感結構。

這種結構，在我讀了比爾澤特大學年輕講師哈蘭・阿什拉維（Hanan Ashrawi）的傑出博士論文後更是感受深切。這論文談的是以色列佔領行為對巴勒斯坦作家藝術感性的影響，而這讓我想起，巴勒斯坦人與野蠻佔領者的相互關係跟麗達與宙斯的相互關係多有可類比之處⑳。〈麗達與天鵝〉最後一節這樣說：

如此地遭到劫持，
如此地聽憑那暴戾飛禽的擺布，
她可曾，趁那冷漠的喙鬆開以前，

巴勒斯坦民族詩人戴爾維什（Darwish），1984 年，巴黎。

借他的力量烙印上他的
知識？

哈蘭主張，在國土被佔領的情況下，有好些重要責任是巴勒斯坦作家不能推卸的。這包括把民族意識給發揮出來、仔細而忠實地呈現出巴勒斯坦人面臨的各種特殊處境，以及（這大概是較不重要的）找出足以表達他們想表達事物的美學形式。她在結論裡說，巴勒斯坦作家迄今的成就不應被低估：他們已經創作出大量具有反抗精神的進步作品，已經提供了許多可以反映以色列苛政的證據，已經盡到了在讀者中間喚起團結意識和民族意識的責任。然而，哈蘭真正想說的不只是這些。她還指出，很多佔領區作者的作品並不是寫得太好，而這純然是因為他們想一次做好太多緊急的事。所以，不論文評家或作家都必須有一種責任感，那就是不能讓政治壓力成為文學表現疲弱的藉口，不能認為風格與形式的貧乏是可原諒的。

哈蘭的文學批評論點對巴勒斯坦人的現今處境有一個重要但不容易看見的意涵。我毫不懷疑，我族人民的大多數人如今已經心灰意冷，這部分是因為我們的不幸有時是咎由自取，部分是因為我們追求獨立的努力太失敗，既無法充分動員我們的朋友，又無法有效壓制我們的敵人。另一方面，我又從未碰過一個心灰意冷得願意放棄巴勒斯坦人身分的巴勒斯坦人。所以，每次有新的運動出現，我們大部分人繼續會（哪怕是夾雜著狐疑和疲倦）起而支持。因此，我們還剩下的是這種渴望：渴望問題可以在未來獲得解決。這種渴望既輪廓模糊又異常強烈：它輪廓模糊是因為誰都不知道問題會在何時及以何種方式獲得解決；它異常強烈是因為我們知道，若我們的民族想要生存下去，則我們和以色列之間必須要達成某種解決方案不可。這種感情包含著一種不可低估的顯著倔強性。它源自一種巴勒斯坦人累積起來的歷史感，這歷史感太公開也銘刻得太深，無法回頭或置之不理。今天，我們沒幾個人能夠迴避整體巴勒斯坦人命運的問題，這個民族明明

小說家、詩人暨翻譯家杰卜拉（Jabra），1984 年，巴黎。

存在，卻尚未能自我說明。另外，作為一個民族，我們已經發展出一種對巴勒斯坦的愛，並開始在政治和文學中述說這種愛。歷史上第一個說出這種愛的人大概是十世紀的阿拉伯—巴勒斯坦地理學家穆卡達西（al-Muqadasi）。他說：「巴勒斯坦連結了此世界與彼世界的歡樂，凡是住在此世界而嚮往彼世界的人都會感受得到彼世界的吸引力，而任何住在彼世界的人都會發現巴勒斯坦滿載著此世界能包含的一切美好。」

所以，就像哈蘭在博士論文的結尾部分提醒我們的，我們需要一種新的意識，一種亞美尼亞人、猶太人、愛爾蘭人、塞浦路斯人、美國黑人、波蘭人、印第安人曾經需要的意識。我們必須意識到，我們正處在存在與消失的恐怖界線上，抵抗是必要的，另一方面，我們也必須意識到，我們需要一種不尋常、某種程度上空前未有的知識。因為，體驗過局限性，落回到現階段的政治懸而不決狀態之後，有一些問題是我們必須向自己提出的：我們是不是已經明白了是什麼原因讓我們落到如此田地（哪怕我們的遭遇大概不是歷史上最慘的），是不是有什麼方法可以改變它？我們是不是可以負責任地根據往昔的現實草擬出一個值得嚮往和追求的未來？我們有可能「烙印上」敵人的知識嗎？我們能真正看清自己是誰，已經**看到**我們所看到的東西了嗎？

要用更具體的方式鋪陳這些問題是難以辦到的。在我設法把各種思緒整理得井然有序的同時，有太多細節性的問題向我轟襲而來。它們源自我們無可救藥的離散生存狀態。這樣的雜多性哪怕不會流為刺耳的雜音，至少會形成一種多樣性的對位，而那是我們每個人都可以在生活裡同一時間感受到的。例如，在美國這裡，目前人們熱烈討論的是巴解組織和約旦聯合提出的和平倡議，另一方面，我們在巴勒斯坦人的媒體卻讀到以色列對巴勒斯坦人進行了新一輪的集體懲罰和建立了更多的拘留中心（我們的地理意識反覆會被安薩、內韋泰札爾〔Neve Terza〕和阿特利特〔Atlit〕之類監獄的名字入侵，而在那些地方，刑求、毆打和謀殺一類的事情以高得嚇人的頻率發生）；讀到薩卜拉和夏蒂拉難民營的衛生環境是如此惡劣（西方目擊者對貝魯特巴勒斯坦難民營垃圾和疾病為患的情況有恐怖描述）；讀到自一九八二年起巴勒斯坦人若想要在阿拉伯國家接受教育是多麼困難重重。這些，還只是初步顯示出，在沒有一個足夠強大的民族領導機構作為凝聚力量（這樣的機構曾經在一九八二年前的貝魯特出現過），我們的集體政治處境被拆散得有多散。

施於我們的壓力從未減少過。我們是以阿衝突各造中最弱的一造，但在西方，我們卻被塑造成最大的壞蛋角色，被認為是和平的最大障礙，是死硬分子，說我們總是提出離譜的要求。因為我們是弱者，所以事事被要求作出最大的讓步。例如，美國會拒絕跟我們的代表商談，就是因為季辛吉一九七五年答應以色列的要求，在《西奈二號協定》中加入了一項條款，說是我們一天不答應某些條件，美國便一天不會跟巴解組織打交道。然而，條款中規定的那些條件又是聞所未聞的，等於是要我們自己否定自己的存在（例如，何謂「承認以色列的存在與合法性」？是從什麼時候開始談判的一方可以代表自己的敵人的？又例如，我們為什麼要接受一個連我們的名字都不提的「聯合國二四二號決議案」？）我們明明是受害者，明明是

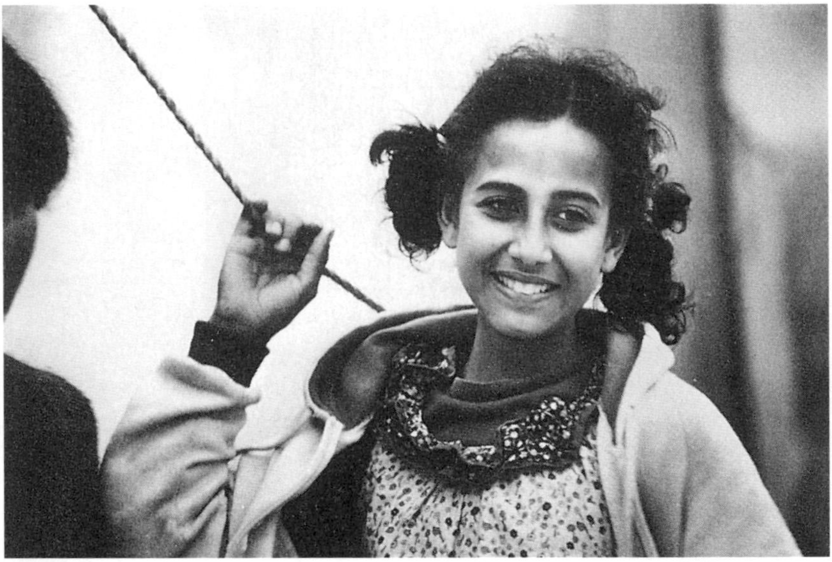

薩伊達塞納布難民營一個小女孩，甫從黎巴嫩來到此地。1983 年，大馬士革。

種族清洗的對象，卻被要求乖乖聽話，不做反抗。另外，我們也被要求放棄暴力、停止堅持要指派自己的代表、放棄獨立建國的願望，以及順從美國的和平提議。與此同時，美國卻提供以色列一切需要的東西，又不肯譴責以色列各種明目張膽的非法行為（包括使用集束飛彈攻擊我們；入侵黎巴嫩和空襲難民營的平民；拘留數以千計的巴勒斯坦人卻不給他們戰犯身分；對佔領區實施納粹曾在南斯拉夫、希臘、捷克和法國鄉村地區實施過的鐵腕政策等）。

這種不公道的做法已經夠讓我們無比憤慨，但更諷刺的是，儘管我們飽受無休止的野蠻和非人對

比爾澤特大學一個女學生，1984 年。

待，卻有一些偽善的言論把我們的敵人稱頌為民主和文明之友。我想要對這種偽君子說：仔細看看這一系列照片吧，它們表述的是年華老去的過程，其嚴酷性說不定比我們的困境所加諸我們的尤有過之；這過程把我們從快樂的童年帶往充滿各種可能性的少年，再帶往飽受圍困的成年，然後讓我們成為歷盡滄桑的現代受害者的象徵。如果細看這個從少到老的遭遞演變過程，如果你不把這些照片視為某種異國風物的展示，你就會在裡面看到一些被你所關心和愛護的人——家人和朋友。這時，你幾乎會斷然看出，這個過程是讓人洩氣和神傷的，就像是一張飽經憂患的老婦人的臉，

難民營裡的老婦人，1979 年，加利利（Galilee）的拉瑪（Ramah）附近。

就像是**〈如葉慈詩歌所說的〉「一個嚴厲的責備……述說著童真的日子如何變成了悲劇。」**

這詩句出自〈在學童中間〉，而在同一首詩中，葉慈又把青春有限的可悲事實藉一個年輕媽媽的想像表現出來。這個媽媽想像到兒子白髮蒼蒼的樣子（**「他頭上有六十個或更多的寒冬」**），此時，詩人問道，她會認為這老人是「對她分娩劇痛的一種補償嗎？還是會認為那是對她為兒子命運牽腸掛肚的一種補償？」我們顯然也有權利對我們的歷史提出同樣一問。我們同樣受限於時間，受限於生老病死，而這個事實足以否定巴勒斯坦人可以作為某種永遠無家可歸者和遭遇恐怖者的基本象徵。我們在政治或哲學上都否定這種觀念，而我們處身的，是一個跟葉慈詩歌相似的脈絡。在這個脈絡裡，成熟的意識會去探索、面對、沈思其當前自覺性的具體譜系。

我們所應該要求於自己的知識及責任，是**葉慈所說的「肉體不為取悅靈魂而損傷」**[21]，是追求與我們的歷史合而為一，就像舞者與舞蹈的合而為一。在這種狀態，我們不會自視為「憂傷」（Sorrow）和「無家可歸」（Homeless-ness）的化身，而是會自視為飽經歷練的歷練者。我們的歷練包含了我們所有的鬥爭和所有的失敗，又由此產生出一些新的東西。

因為我不認為，我們巴勒斯坦人曾經被人充分理解過，無論是外人或我們自己，大家不曾精確地——有如照片所展現的那種精確，來了解我們

童工，1979 年，迦薩（Gaza）。

的遭遇。對非巴勒斯坦、猶太人和以色列人來說，我們也不是單單的他者，那種帶點外國味的，是可以用身分證上一張照片來表象的。不管我們有權向世界提出什麼樣的權利要求，在現實中，我們最真實的身分還是流徙者，我們是移民者或混血兒，我們一再遷徙，在那我們所讓渡出來的地方流離遷徙。然而，這種遷徙正是我們民族生活中最深邃的傳承。我們自己並不總是能看出這種特質，也不是總想要這種特質，但至少在我看來，這種特質是摩爾所拍攝的其中一些照片裡所暗示著的。在這些照片中，活力和喜悅躍然紙上，強烈地打動著你，以一種適度的直接提醒著你，流徙並不一定等於流亡或遷徙。從下頁照片中那個少年所展現的愉快而脆弱的笑容，你可以瞥見我們許多人用了一輩子來培養的那種自信和善良：作為一個巴勒斯坦人常常意味著駕馭而不宰制，不把歡樂建立在別人的痛苦上。

當然，這種特質是稍縱即逝的。即便活力少年的照片讓我們大受鼓舞，我們最後還是會回過頭來想起瀰漫在巴勒斯坦人現實生活中的悲哀，從而痛心不已。我們會痛心，不只是因為眼見巴勒斯坦人被平庸、暴力而浪費人命的環境所包圍卻無能為力，而有著深深的無力感，還是因為被一種不安寧感所啃咬，不斷意識到還有那麼多的工作有待我們去做。我們生活在一種拖沓的「尚未」狀態中，而前景一點都不亮麗。在快寫完這書的時候，

被救的鳥。1979 年，拉馬拉（Ramallah）附近的塞耶村（Village of Senjel）。

我的這種感覺特別強烈。例如，我們就尚未有一部民族的全歷史：一部有關別人如何加害我們和我們如何加害別人的全紀錄。

因此，我和摩爾合作創作這本書的目的，是訴說我們民族目前的民族處境有多不完整。本書缺乏一個解決方案，這是無可避免的，因為它是在流寓地寫成的。我曾經希望能先回到約旦河西岸和迦薩地帶走一走，跟那裡的巴勒斯坦人和以色列人親身接觸，回來後再加入一個結論。有些以色列朋友答應想辦法幫我取得安全保證，讓我可以自由行動，想什麼時候離開便可以離開。不過直到目前為止，我還在等待消息，能不能成行還是未知數。

攝影師被別人拍攝。1979 年，耶路撒冷。

然而，這種不確定狀態恰好跟本書的基調是一致的，因為它本身就是我們被困在其中那種政治模稜狀態的反映。

我希望，本書除了可以告訴讀者一些有關我們的事情以外，還通過某種方式述說了讀者自己。我希望，我們不只是這些照片中唯一被看到的人：我們同時也在觀察我們的觀察者。因為在一個又一個國家受到監視、圈禁，又因為有一門叫「巴勒斯坦研究」的學科把我們化約為他者角色，所以我們巴勒斯坦人有時會忘掉，我們一樣有觀察、評估、判斷的能力。我們不只是別人的對象，不是純然被動地站在任何觀察我們的人面前的。如果你們最終不能體會這一點，那我們將不再允許自己去相信我們的一切失敗皆是咎由自取。

註釋

①一種以小麥為主要材料的沙拉。

②「基布茲」意指「（以色列）集體農場」。

③拉馬拉前市長的名字。

④英國歷史學家。

⑤一九八七年，《時代雜誌》刊登一篇報導，暗示一九八二年黎巴嫩長槍黨民兵會對薩卜拉和夏蒂拉兩個巴勒斯坦難民營進行屠殺，乃是受時任以色列國防部長的夏隆授意。夏隆因此對《時代雜誌》提出誹謗訴訟。

⑥一九六七年，巴勒斯坦恐怖分子把一架載有許多猶太人的法航客機劫持到烏干達的恩德培機場，幾日後，以色列發動突擊，救走所有人質。約納坦．納坦雅胡是突擊隊的指揮官，也是救援行動中唯一喪生的軍事人員。

⑦指這群人打著學術的名義為阿拉伯人做宣傳。

⑧「苦路」相傳為耶穌被押往釘十字架時走過的路途。

⑨麥阿里（Ma' arri），即 Abui bn Allah al- Ma' arri（973-1057），阿拉伯詩人和作家。相信無神論，在他生活的年代十分少見，因而著名。

⑩莎貝塔伊．澤維（Sabbatai Zvi）（1626-1676），自稱是救世主，在土耳其帝國回教徒的逼迫下，宣佈改變自己的信仰，創建了 Domeh 派，汲取了基督教、伊斯蘭教和猶太教的元素。

⑪法威爾（Jerry Falwell）（1933-），美國基督教浸信會牧師，十分著名的保守派活動分子，是現代美國基督教界最有爭議的人物，支持以色列，公開批評美國的公立學校和世俗教育制度。

⑫歌革族（Gog）和瑪各族（Magog）是《新約．啟示錄》裡預言將會在末世受撒旦迷惑，起而擾亂天下的兩個民族。歌革和瑪各在先知的預言中是人類反抗基督的領袖。第一次提到瑪各是在創世紀，被視為雅弗（Japheth）的兒子，雅弗是諾亞（Noah）的三個兒子之一。雅弗的後代占領了以色列北部的版圖，即現在被稱為歐洲和亞細亞的地區。先知的作品曾提到歌革和瑪各，在每個事件中都提到了北方的各國盟，由歌革領導、進攻和威脅。或者是以色列重新聚集的國民，或者是基督的信徒，或者兩者。在每種情況下，歌革的軍隊都由於神直接干涉而被毀滅。

⑬第三聖殿運動（Third Temple Movement），相傳西元前一〇一〇年所羅門王開始在耶路撒冷摩利亞山（Mt. Moriah，即現在的聖殿山）建造聖殿，以便存放約櫃（放十誡的箱子）、諾亞方舟等聖物。西元前五八六年，巴比倫王殺到這裡，摧毀聖殿，趕走了猶太人。直到西元前五三八年，波斯王居魯士滅巴比倫後，猶太人才被允許返回，並在西元前五一六年動手在第一聖殿原址上補建第二聖殿。不料西元七〇年，羅馬王鎮壓猶太人起義，竟將重建的聖殿徹底焚毀，只留下西牆牆基的一段。後人收集殘石在牆基上疊出了一堵牆，這就是現今的「哭牆」。以色列建國後，修建了連接哭牆和苦路的隧道。而極端猶太組織更是一直叫囂要推倒兩大清真寺，重建

他們的第三聖殿。每年這些極端分子都要把一塊據說是從猶太聖殿中保存下來的巨石運到哭牆附近，舉行象徵性的重建聖殿儀式。

⑭信仰者集團（Gush Emunim），以色列政治運動，起源於一九六七年的六月戰爭，一九七四年成立正式組織，鼓勵猶太人在上帝賜予他們的土地上定居。

⑮復興黨（Tehiya party），以色列右翼民族主義政黨，成立於一九七八年。反對大衛營協議（Camp David Accords）中把西奈半島（Sinai peninsula）歸還給埃及，並且撤出猶太人定居者的決定。二十世紀八〇年代末，復興黨逐漸消失在以色列的政治舞台上。

⑯威廉．布萊克（William Blake）（1757-1827），英國詩人、畫家。著有詩集《詩的素描》（*Poetical Sketches*, 1783）、《天真與經驗之歌》（*Songs of Innocence and Experience*, 1794）、《耶路撒冷》（*Jerusalem: The Emanation of The Giant Albion*, 1820）等。詩作充滿幻想和哲理，具有浪漫主義和神祕主義的特色。繪畫以線描淡彩著稱，全部作品都是書籍插圖。

⑰位於約旦首都安曼，成立於 1926 年，是一所非營利的國際女子學校。

⑱《舊約聖經》記載，波提乏是埃及法老的內臣護衛長，猶太人的祖先約瑟被帶到埃及後，被他的兄弟賣到波提乏家裡做奴隸，後來被升到家務總管。後被波提乏的妻子勾引，約瑟不從，反被她誣告，因此下獄。

⑲即 Pontius Pilate，西元二六到三六年間朱迪亞的羅馬地方官員，傳說是他下令把耶穌釘死在十字架上。

⑳根據古希臘神話，主神宙斯曾化身成天鵝，對斯巴達王后麗達加以強暴。葉慈的〈麗達與天鵝〉一詩即以此為主題。

㉑薩依德此處似乎是意謂巴勒斯坦人不應以追求抽象和遙不可及的理想自苦。

後記

貝魯特的陷落

THE FALL OF BEIRUT

當代巴勒斯坦人的歷史現已鋪展至整個阿拉伯世界，體現在流亡的人口（佔我們總人數的一半）和他們的流亡地點（開羅、大馬士革、安曼、科威特、巴格達、的黎波里、突尼斯、利雅德）。但沒有一個地方對我們的重要性比得上貝魯特，這個城市飽受驚人摧殘而又表現出意想不到的韌性。巴勒斯坦人與黎巴嫩的官方連結是在一九八二年八月底切斷，當時，阿拉法特領導的巴解組織遭以色列軍隊圍困了三個月，最終撤離。但仍然有三十萬巴勒斯坦人留在貝魯特，它那種異乎尋常的混亂狀態依然持續，對還留在那裡或是有親人留在那裡的巴勒斯坦人來說都是個夢魘。

我從不認為把貝魯特比作中東的巴黎或把黎巴嫩比作瑞士是恰當的。這種類比並沒有讓這個國家遭受的痛苦較不恐怖，或讓貝魯特的不停自我摧毀（其景象常可在黃金時段的電視新聞看到）較不悲慘。整個過程已經成了加大版的「勞萊與哈台」電影①，猶如兩個發生爭吵的男人，互以破壞對方的車子、房子洩憤，雙方以牙還牙，你毀我一磚我便毀你一瓦，而在這個怒目相視、你來我往的破壞過程中，他們四周的世界亦被夷為平地。如果發生在貝魯特的權力和領土爭奪戰繼續下去，那即便最後有一方勝出，剩下給它的東西亦將寥寥無幾。一個住在貝魯特的巴勒斯坦朋友在電話裡告訴我，除了得忍受轟炸和混亂，閱讀當地報紙一樣會讓人發瘋：沒有兩份報紙的報導是一樣的，你永遠搞不清楚是誰跟誰在火拼或他們是出於什麼理由火拼。

我一些直系親屬仍然住在貝魯特，我太太的大部分娘家人（他們是黎巴嫩人）也是如此。這些人勇敢得難以理解，倔強得不可理喻，死都要固守在貝魯特，不肯到別處重建生活。因為是巴勒斯坦人，我自一九八二年起便不認為前往黎巴嫩是審慎之舉，不過我太太和兩個孩子倒是在以色列入侵後還去過那裡兩三次。我寡居的媽媽不在乎健康欠佳，不在乎常常沒水沒電，不在乎乏人照應，不在乎黎巴嫩幣值的暴跌，一個人住在西貝魯特。不過，我還是有機會間歇性地看到她和其他住在貝魯特的親戚，因為他們不時會到倫敦或紐約之類的地方小住（他們還有能力出國旅行算是幸運的）。自從一九八三年以後，我和瑪麗亞姆便不忍再從他們的表情舉止揣測，新一輪的艱難煎熬帶給了他們何種內心創痛。他們怎麼能生存下來，是我們外部人難以猜想的，只覺得猶如奇蹟。我大部分表弟妹、外甥和外甥女都是在十年戰亂期間長大，而我發現，他們的話題常常在電腦遊戲、足球比賽和屠殺事件之間自由轉換，輕易就可指出格雷德火箭（Grads）、火箭助推榴彈（RPGs）和喀秋莎火箭砲（Katyushas）②有何不同，讓人聽得不寒而慄。沒辦法，「日常」語言是很難改變的。雖然他們的父母都努力讓兒女過上「正常」生活，但民兵、領袖、和敵對派系就存在於他們周遭，無可迴避。戰爭是無處不在的。

薩卜拉（Sabra）、夏蒂拉（Shatila）和布爾杰舍馬里（Bourj el-Barajneh）——這三個醜陋和蔓生的巴勒斯坦難民營就位於貝魯特南部——前不久又受到了另一次的圍困、轟炸和蹂躪。這一次的行兇者是什葉派的阿邁勒民兵（Amal），他們起初是由巴勒斯坦人訓練和武裝的。雖然敵眾我寡，又雖然什葉派的發言人發表過許多次勝利宣言，但巴勒斯坦人迄今仍在頑強抵抗著。薩卜拉和夏蒂拉難民營在一九八二年便遭到過大屠殺，那一次的行兇者是受以色列軍隊唆使的馬龍派長槍黨（Maronite Phalanges）。現在是不同的季度，但受害者照樣是巴勒斯坦人。

我幾乎已經懶得再去搞清楚這場內戰每一個轉折的來龍去脈，只知道每一次都比上一次更錯綜複雜，讓我驚訝於黎巴嫩人多精於搞錢、搞陰謀、搞個體謀殺和集體謀殺。然而，所謂的傳統領袖和他們各式各樣的平庸後嗣還是老樣子，總是輕易就彼此結盟而又幾乎馬上出賣對方，同樣與之結盟和出賣關係的還有敘利亞人、巴勒斯坦人、伊朗人、美國人、以色列人和沙烏地人（後者看來是任何派系的金主）。在這場漫長和骯髒的暴力衝突中，沒有誰是值得敬佩和信得過的。就連那些無辜的市民也是如此。他們當然是很勇敢，韌性十足地在砲火灰燼中無數次的把生活重建起來，然而，要不是他們默默縱容他們的領袖把戰爭持續下去，廝殺火拼又怎麼可能延續這麼長一段時間？

所以，貝魯特就是貝魯特，不是什麼巴黎或瑞士的翻版。我在小時候就認識這城市的：四〇年代初期，我爸爸不知道是什麼理由，熱愛上一個叫杜勒什維爾（Dhour el Shweir）的黎巴嫩山村，每一次從巴勒斯坦前往那裡，我們都會經過貝魯特的郊區。貝魯特也是往返巴勒斯坦和埃及的必經之地。黎巴嫩的山脈景色單調，比任何地方更讓我感覺枯燥乏味。在那些漫長的山間避暑之旅期間，我們只到過貝魯特一次（另有兩次是進出黎巴嫩途中穿過這城市）。那天早上，我父親因為需要兌換貨幣，去了貝魯特一家銀行，餘下來一整天，我們都是在一個美得難以形容的海灘度過。

貝魯特在五〇和六〇年代經歷了驚人的急速成長，而鄰近國家所發生的革命或軍事政變則給它帶來了大批流亡者，包括異議分子、喪家失產的難民階級、知識分子、政治人物和商人。在流亡者中，巴勒斯坦人是人數最多和最有影響力的一群。因為通商和通婚頻密，黎巴嫩和巴勒斯坦的關係本就密切，歷史淵源深厚，所以，被以色列驅趕的巴勒斯坦人會逃到黎巴嫩再自然也不過。這些巴勒斯坦難民在黎巴嫩可不只是附在社會表層的零散一群，反而幾乎自成一個社會。從各地流入的各色人等對黎巴嫩的衝擊非常巨大——從現在回顧更是巨大得超過黎巴嫩所能承認。這種衝擊從貝魯特外觀的變化便可以看得出來。它的結構本來條理井然（以一個城寨為中心，外圍環繞著一些主要是以民族和宗教信仰區分的居住區），但後來卻變成了一個隨意滋生、互相堆疊的四不像，有些區域非常時髦高檔，有些區域非常貧窮。如阿什拉非耶（Ashrafiyé）等少數街區沒有太大改變，住的始終是基督徒和中上階層，但其他街區則是隨意擴張，哪些行業有利可圖便大群大群出現。夜總會、餐廳、精品店和銀行是這時候發展最迅速的產業。到七〇年代中葉，西貝魯特已經變成了巴勒斯坦人的聚居區，而跟最大的那些難民營毗鄰的法卡哈尼區（Fakahany）甚至被稱為「巴勒斯坦共和國」。

不過，貝魯特會發展成一個世界金融和商業中心（那是它真正的黃金時代），則是拜油價高漲帶來的經濟榮景所賜，但這個發展過程也加速和激化了各種本就在黎巴嫩（特別是在貝魯特）變化著的趨勢。我有近三十年都是貝魯特的過客，直到一九七二年才利用教授休假的機會在那裡住了一整年。那一年帶給我極深刻的印象，只覺得貝魯特彷彿是一個無所不包的大雜燴：這裡有各式各樣的人物、各式各樣的觀念、各式各樣的身分認同和各式各樣的經濟階層（從極端富有到極端貧困）。後來，我又看到，自以色列兇殘地突襲南黎巴嫩之後，這個多采多姿的大雜燴便漸漸褪色，甚至完全消失。這一年對我極為重要，因為利用這一年時間，我重新自學了阿拉伯語和阿拉伯文學（前此我有二十年時間都是專注於研究西方文學），體驗到我們的傳統是如何的豐美。後來我又到貝魯特度了幾次暑假。由於當時恰好也是巴勒斯坦政治與文化的復興時期，所以這段光陰對我來說非常重要。

不過，七〇年代早期我在黎巴嫩碰到的一件事情卻預示著日後將會發生的動亂。我爸爸是在一九七一年過世，根據他的遺願，我們計畫把他安葬在他自一九四二年起便深深愛戀的那個杜勒什維爾山村。他在那邊很有名，很多方面都算得上是那裡的慈善家。他在黎巴嫩的大部分朋友（他在一九六三年遷居黎巴嫩）都是那村子裡的人。然而，當我們要為他買一小片墓地時，卻遇上了意料不到的困難。這段回憶極其不愉快，我不願在此複述細節。簡單地說，當地的多家基督教堂只有一家願意賣地給我們，而當事情敲定後，我們接到許多恐嚇電話，逼得我們不得不放棄計畫。這讓我明白到，不管我爸爸生前有多受村民的歡迎，但作為一個外地人，作為一個巴勒斯坦人，那裡的居民是無法忍受他長駐的。

那還是一九七五年內戰發生以前的事，但黎巴嫩人生活的區隔化業已開始，到了七〇年代中葉，那些連接不同區隔的通路都被封鎖了起來。貝魯特的內部對立除了是一種內部傾軋，還是各種外國勢力（其他阿拉伯國家、歐洲、美國和以色列）的延伸，這些勢力犬牙交錯，互相推擠，輕易的便把黎巴嫩原有的脆弱平衡狀態給壓垮。貝魯特的第一批路障出現在一九七五年夏天，我還記得，有一個八月天早上，當我開車通過東貝魯特，要前往山區度假勝地布蘭門納（Brummana）去時，竟然在一條我通行了幾星期的道路盡頭看見帶刺勾的鐵絲網路障。負責巡邏把守的是一些揮舞自動步槍的年輕人。我的驚恐和震撼是難以言喻的。這也是我第一次體會到，在一個瀕臨解體的貝魯特，人們最尋常的感受是什麼：生命是毫無保障的。只要一通電話所發出的一個命令（不管打電話的人是坐在敘利亞的王宮、美國大使館、以色列的辦公室還是黎巴嫩的一棟瑞士小木屋），一個平民（尤其是巴勒斯坦人）便會立刻被武裝分子射殺。

黎巴嫩社會學家哈拉夫（Samir Khalaf）有過一個似是而非的說法。他說，直到黎巴嫩內戰爆發以前，拉斯貝魯特（Ras Beirut，西貝魯特的一片海岬，也是美國大學③的所在地）都是一個不分派系、兼容並蓄的社區，住在那裡的學者、政治活躍分子、商人和藝術家和衷共濟，相互包容，情形跟阿拉伯世界任何地方大異其趣。哈拉夫哀嘆拉斯貝魯特美好的過去消逝（如今它由什葉派和德魯茲派兩股勢力分割），這是可以理解的，但我認為他低估了該社區居民的宗教或宗派感情。就像貝魯特其他地方一樣，在拉斯貝魯特，人人都知道別人屬於哪個宗教、派系和種族。他們只是沒有把知道的表現出來，但心裡卻有一道界線。每個人都曉得每個人的底細：某甲是來自士每拿（Smyrna）的亞美尼亞人，熱烈支持馬龍派的政治主張；某乙是遜尼派知識分子，深受沙特（Sartre）④和納塞（Abdel Nasser）的吸引；某丙是個巴勒斯坦基督徒，對阿拉伯民族主義運動一往情深。

貝魯特作為一個大城市的可悲處讓我縈懷不已。一是它的邊緣性。當這個人口密集的大都會沒來由的把自己撕得四分五裂之際，世人都投以熱烈的目光，卻鮮少有人伸出援手。貝魯特曾經是個自由的地方（對負擔得起的人是如此），曾經擁有出版自由，曾經帶給阿拉伯世界最大都會性的娛樂和休閒活動。這一切幾乎已蕩然無存（但說來弔詭，黎巴嫩出版的書本、報紙和雜誌仍然輕易就可以是中東地區最活躍的）。

貝魯特的另一個可悲之處是宗教和宗派的門戶之見相當深重。說來慚愧，就我記得，在我早年，我父母很多親友的宗教意見都刺耳和讓人不敢恭維。例如，我爸爸一個好友在一九五四年曾經對我說：「穆斯林都是些灰塵，應該讓一陣風把他們給吹走。」另一位基督徒（他是知名哲學家，也當過黎巴嫩外交部長）經常在我面前痛罵伊斯蘭教和先知穆罕默德，用的是「縱慾」、「虛偽」、「腐敗」、「墮落」之類的強烈字眼。日後我發現，這種態度並不是孤立現象，而是（就像任何支持黎巴嫩基督教民兵的人都會知道的）宗教少數派的論述核心，構成了對佔人口大多數的伊斯蘭群體的持續挑釁。很顯然，這一類口頭攻擊是會互饋的，從而形成牢不可破的相互敵意，形成哈茲里特（**William Hazlitt**）⑤所謂的「恨的快感」（**the pleasure of hating**）。他說，這種快感的特徵是「它會腐蝕到宗教的心臟深處，然後把宗教轉變成化膿的怨氣和固執盲信。它會用愛國主義作為藉口，把火、瘟疫和饑荒帶到別人的土地。它不看重任何美德，只嘉許挑毛病的精神，總是用一種狹窄、妒忌、宗教裁判官的眼神監視別人的行動和動機。」這番話對黎巴嫩、以色列和伊朗這三個國家的適用性是昭然若揭的，因為它們全都受到宗教狂熱和民族主義狂熱的骯髒混合體所席捲。事實上，這番話一樣適用於美國，因為它對這三個國家事務的介入由來已久。

貝魯特的崩壞無法不讓人極度憂傷而憤怒，我在寫這篇後記的過程中便是充滿這兩種情緒。親歷一切的貝魯特市民有多麼痛苦，不是我能充分體會的（頂多有時能從瑪麗亞姆非常深沈的憂傷表情中窺見一二），不過，既然我本身也是流亡者，所以膽敢為那些在貝魯特找到替代家園的巴勒斯坦人發抒感想。不管從前我們對黎巴嫩的腐敗、華而不實和暴力有多少批評，如今都不能不在寒風中感到悲痛。

貝魯特的不同凡響之處，在於曾經對我們作為阿拉伯人的需要作出即時回應，而這在已經變得壓迫性和平庸得讓人難以忍受的阿拉伯世界裡是罕見的。有若干年，貝魯特真的可以讓人像是在寶石般的高能火焰裡燃燒，因為就連這城市的惡德和放蕩都有一種你在別處看不到的璀璨。

當代貝魯特唯一缺乏的是堅持的力量，以及未能對其炫目好客精神下面的脆弱基礎投以足夠的關心。在一片幽暗的今時今日，能夠帶給我們慰藉的主要只是這個揣想：既然貝魯特曾經從沒沒無聞的狀態崛起，它就說不定有一天能夠從災難性的毀滅中浴火重生，而且變得更大肚能容。對巴勒斯坦人乃至對以色列人和其他阿拉伯人來說，寬容性和共同體精神的好處都是不言自喻的。

註釋

①勞萊和哈台（Laurel and Hardy）：一九二〇至五〇年代美國著名諧星搭檔。
②這些都是巴勒斯坦人攻擊以色列人的武器。
③指貝魯特美國大學（American University of Beirut）。
④法國存在主義哲學家。
⑤十八、九世紀英國作家和文學評論家。

中文版導讀全文

中文版導讀：本書背景說明之①

林長寬／政治大學阿文系／宗教所

被出賣的巴勒斯坦人

一九八〇年初大學畢業後，由於中華民國與一些阿拉伯國家無正式邦交，拿不到入學許可，只好選擇到約旦留學，並進入安曼市的師範學院與約旦大學深造。就在那裡首次認識了巴勒斯坦的難民學生，也見識了他們所居住的難民營，其惡劣環境並非一般人可忍受。難民營深刻的印象激發我對巴勒斯坦人歷史的探知，閒暇並隨著巴勒斯坦裔的流亡同學閱讀他們的難民文學作品如嘎善・卡納法尼（Ghassan al-Kanafani）、瑪哈穆德・戴爾維什（Mahmud Darwish）、法德娃・圖滏（Fadwa Tuqan）等人的著作。幾年後，再到北美、歐洲繼續深造，也認識了更多的巴勒斯坦人，後來更成為巴勒斯坦裔教授（穆斯林與基督教徒）的學生，研讀阿拉伯伊斯蘭文化並撰寫中東歷史的學位論文。因為求學的因緣際會才得以結交巴勒斯坦朋友，認清了巴勒斯坦問題，也曾經協助巴勒斯坦人到台灣求學、定居。無心的協助使得台灣似乎也被納入巴勒斯坦人遍佈世界各地離散區域的一部分。早在約旦留學時即已閱讀了薩依德（Ed. Said）成名之作 *Orientalism*（中文譯為《東方主義》或《東方學》），彼時，並無多大的感觸。學成歸國，在研究、講授有關現代中東、伊斯蘭課程後，重新閱讀薩依德的一些著作，才更深刻體會巴勒斯坦人的苦難，以及西方霸權的傲慢、欺凌被殖民者。

從西元六世紀到二十世紀初巴勒斯坦地區的多元文化

二次大戰以來的以巴衝突造成大量的巴勒斯坦阿拉伯人流離失所。此問題的癥結在於「誰是巴勒斯坦這塊土地的主人」，而其答案可從歷史過程中去推斷得知。「巴勒斯坦」（Filastin, Palaestina）此名稱最早出現於希臘史家希羅多德（Herodotus）的著作。在羅馬帝國統治下，巴勒斯坦為其轄地下地中海東岸（Levant）及其南部三省之一。伊斯蘭興起之後，隨著阿拉伯穆斯林政治勢力對外的擴張，羅馬人的撤離 Levant 地區，阿拉伯人接收了之前拜占庭羅馬帝國的領土，巴勒斯坦遂成為阿拉伯伊斯蘭國家（Dar al-Islam）的一部分，此為西元六三四年之事件。在阿拉伯穆斯林所建構的伊斯蘭政府統治下，巴勒斯坦在地的居民保有不同的信仰如猶太教、基督宗教，及伊斯蘭。非穆斯林被稱為 dhimmi（受保護者），受到伊斯蘭法的保護而擁有其宗教信仰的自由，一直到十字軍東征之前巴勒斯坦地區的猶太教徒、基督徒、穆斯林皆和平相處。而位於巴勒斯坦的耶路撒冷也成為三個一神信仰的宗教聖地。伊斯蘭政權的伍麥亞朝（The Umayyads, 661-750 A.D.），其第一位統治者穆阿維亞（Mu'awiya）甚至在耶路撒冷聖城宣示為哈里發（Caliph）。在十字軍東征時期巴勒斯坦曾經幾次落入歐洲的基督教徒手中，但在十三世紀末時，來自中亞突厥後裔的曼魯克（the Mamluks）穆斯林的反攻下，巴勒斯坦重回「伊斯蘭境域」（Dar al-Islam）。而在一五一六年的Dabik戰役，來自安那托利亞的歐斯曼突厥人（The Osmani Turks）打敗了曼魯克人，之後巴勒斯坦成為歐斯曼帝國的領土，一直到一九一八年。從西元七世紀到二十世紀初期，巴勒斯坦一直是在伊斯蘭境域中發展出融合伊斯蘭、猶太教、基督宗教的多元文化。

十八世紀以降，隨著歐洲經濟勢力的入侵中東地區，歐斯曼帝國境內的猶太人（教徒）、基督教徒成了歐洲與中東商貿的代理人，而壟斷了商業，並活躍於巴勒斯坦地區。而十九世紀後，歐洲基督教傳教會隨著殖民勢力也進入了巴勒斯坦地區，帶來了西方的新式教育與科技。巴勒斯坦地區自伊斯蘭政權建立之後，一直都有猶太人（教徒）的存在，雖在十字軍時期因戰爭而人口大為減少。不過在十六世紀後，卻有大量的猶太人（教徒）自不同的歐洲國家湧入巴勒斯坦，這可能肇因於基督教徒對猶太教徒的排斥。隨著錫安主義（Zionism）的興起、鼓吹運作，導致更多的猶太人（教徒）進入巴勒斯坦。猶太教徒人口從一八八〇年的二萬五千人增加到一九一四年的八萬人。

現代西方勢力介入的阿拉伯世界

歐斯曼帝國在二次大戰後結束退出中東阿拉伯地區，其在巴勒斯坦的統治也正式結束。隨之而來的是不列顛的託管（British Mandate），但不列顛的託管地只有約旦河以西的地區，約旦河以東則被瓜分成為約旦王國（The Hashimite Kingdom of Jordan）的領土。不列顛託管政府在巴勒斯坦成立以來，其治理政策一直受到錫安主義建國思想的左右。倫敦政府基本上同意錫安主義者的建國原則，但必須在不危害到阿拉伯人的利益為前提下執行，而之後法國、義大利、美國也相繼支持不列顛政府的宣稱主張猶太人（教徒）在巴勒斯坦的建國。之前，不列顛政府之所以支持「阿拉伯大革命」（The Great Arab Revolt），乃是為了瓦解歐斯曼帝國在阿拉伯地區的統治。在策劃「阿拉伯大革命」時答應巴勒斯坦地區歸於麥加的胡笙大公（Sharif Husayn）

（約旦王國的建國者）所有，但是之後卻只撥約旦河以東地區作為約旦建國之領地，而約旦河以西劃為猶太錫安主義建國之地。此行為徹底違背了一九二二年的「邱吉爾備忘錄」（The Churchill Memorandum）。該備忘錄宣稱巴勒斯坦阿拉伯人有權在巴勒斯坦地區建立他們自己的國家，巴勒斯坦不應只成為「錫安主義分子」的猶太國領土。由於不列顛託管政府的不遵守最初諾言，而讓更多的猶太人（教徒）進入巴勒斯坦，於是一九二八年之後十年間，持續地發生了阿拉伯人的流血抗爭，特別是在耶路撒冷、亞法（Jaffa），與海法（Haifa）地區。

二十世紀初以色列建國始末

不列顛託管政府為了解決在地阿拉伯人與猶太人（教徒）的衝突，遂於一九三九年發表白皮書希望阿拉伯人與猶太人（教徒）共組政府；然而態度強硬的錫安主義者變本加厲的購買土地，大量引進猶太人（教徒），企圖建立一個純「猶太國」。隨著二次大戰期間納粹的大屠殺猶太教徒，錫安主義者更加積極地秘密運作對抗巴勒斯坦的不列顛託管政府，導致一九四六年解嚴法的頒布。由於不列顛託管政府協調阿拉伯人與猶太人（教徒）和平共處的失效，一九四七年聯合國介入，試圖讓猶太人（教徒）與阿拉伯人各自建立國家於巴勒斯坦。阿拉伯人因為被迫讓出他們的土地、家園而反對。聯合國希望其他的阿拉伯國家能介入調解，但各個國家有其自我的利益考量，而無法團結一致維護巴勒斯坦阿拉伯人的權益。一九四八年五月十五日不列顛託管政府撤離巴勒斯坦，而前一天五月十四日錫安主義者David Ben Gurion即已宣稱以色列國的建立。猶太人（教徒）與巴勒斯坦阿拉伯人發生暴力衝突，聯合國安理會試圖調解但無效，阿拉伯國家中只有埃及出兵協助，而伊拉克、敘利亞則撤除他們對巴勒斯坦人的支持。為了避免衝突惡化，聯合國再出面協調埃及的撤軍，並促使周邊的黎巴嫩、約旦、敘利亞簽訂停火協定。從此以色列建國之路毫無障礙地往前邁進。就整個歷史發展觀之，以色列的建國，巴勒斯坦人的被迫流離乃歐洲帝國殖民主義的後遺症。這其中涉及了相當複雜的政治、經濟利益。整體而言，巴勒斯坦的阿拉伯人不僅被歐洲、美國人出賣，並被同民族的其他阿拉伯國家背叛。今日巴勒斯坦的阿拉伯人流寓於各個阿拉伯國家中，似乎仍得不到認同。

巴勒斯坦人的離散

一九四八年以色列的建國以及一九六七年的以阿戰爭造成了巴勒斯坦

人的大量被迫遷徙於巴勒斯坦境內的異鄉，或被逐出巴勒斯坦，此二波的遷徙也因而形塑了所謂的「巴勒斯坦人的離散」（**Palestinian Diaspora**）。離散造成巴勒斯坦人家破人亡，一家人分居不同的地方，終生至死不得見面。而離散也造成巴勒斯坦的人口產生數個流離群體：㈠約旦西岸、迦薩走廊，㈡以色列境內，㈢阿拉伯國家，㈣西方國家。雖然散居各地，但是他們的「巴勒斯坦民族認同」（**Palestinian National Identity**）始終沒有消失過，甚至更加堅強。

除了因為戰爭而被迫遠離家鄉之外，巴勒斯坦人的遷徙亦與以色列當局的政治迫害、經濟壓力及巴勒斯坦人的政治激進活動有關。這一切乃因巴勒斯坦人民族意識日益高升，而使得以色列政府採取更激烈的手段去消弭巴勒斯坦人的抗爭運動。而在約旦河西岸及迦薩走廊地區巴勒斯坦人的經濟困境、高失業率，也迫使他們遠離該地區。此外，以色列當局沒收農耕土地，再加上教育環境的惡劣，更迫使巴勒斯坦人不得不離開家鄉，尋找理想的生活環境。由於巴勒斯坦人沒有身分，因此他們對外遷移也面臨一些法律、國籍的困境，只有少數人能以難民身分移居到美國、加拿大、澳洲及一些歐洲國家。

成為無國籍的次等居民

巴勒斯坦人民遷移到他國定居後，久而久之形成了宛如猶太的離散社群。在阿拉伯國家中的巴勒斯坦人並沒有被賦予國民身分，而是被以難民對待，無法享有地主國的公民權利，特別是黎巴嫩在與以色列媾和之後，更是對巴勒斯坦人嚴加控管，黎巴嫩政府力圖將他們驅逐出境。在阿拉伯國家的巴勒斯坦人是屬於無國籍的次等居民，也因此激發無時無刻回歸家鄉的心態，進而造成與客居國的衝突，尤其是在約旦、黎巴嫩。而巴勒斯坦解放組織（PLO）也成為當地政府眼中的「麻煩製造者」。儘管沒有公民權，但巴勒斯坦人在客居國家卻努力勤奮發展出雄厚的經濟實力與高水準的學術與專業知識。其中有部分巴勒斯坦人與當地人通婚，並逐漸融入當地社會，特別是在非阿拉伯國家。如今在西方國家有不少傑出的巴勒斯坦裔人士在各行業執牛耳。這些在外落地生根的巴勒斯坦人的成就提供了以色列境內的巴勒斯坦人相當大的建國希望，也因此更積極地對抗以色列的迫害，以及PLO（或是PA-Palestinian Authority）的一廂情願地向以色列當局屈服，例如HAMAS的暴力運動即是一個相當明顯的例子。

巴勒斯坦人必須屈服於以色列政治、軍事、暴力下偷生

五十幾年來，巴勒斯坦人不管被迫離開故土，或留在家鄉奮戰，一直都期盼能重回到自己原本的家園過著平安如意的日子。以色列政府企圖將巴勒斯坦地區轉變成全然的猶太國，造成離境的巴勒斯坦人很難重入家園，即使以色列當局允許他們進入巴勒斯坦，他們卻必須持著他國的國籍，而且未必每個人都能如願以償。究竟巴勒斯坦人必須全然屈服於以色列的政治、軍事暴力而偷生，或是持續犧牲生命為建國理念而殉難，至今尚無答案。時間可以改變或形塑一個人的思維與觀點。透過歷史進程，猶太人（教徒）長時間的離散迫使他們凝聚出族群意識，用以佔據巴勒斯坦建立以色列國。如今的巴勒斯坦阿拉伯人是否也必須步上猶太人（教徒）離散歷史之途？端視巴勒斯坦人的意志力罷了。

薩依德的《流亡者之書》

薩依德的這本《流亡者之書》於二十幾年前出版（1986），除了描述巴勒斯坦人的苦難流離生活外，並試圖激發巴勒斯坦人未來的希望。薩

依德一生為巴勒斯坦的建國發聲，他不但批判以色列、西方政府的不當，亦嚴厲地批判了一些巴勒斯坦人的腐化、喪權辱民的行為，如巴勒斯坦解放組織（PLO 或 PA）成員對以色列、美國的妥協來換取個人的利益，以及 HAMAS 激進分子的不當暴力行為與非理性態度。這本書配合了攝影圖片，深刻地描繪了巴勒斯坦人的離散社群，並藉以突顯「巴勒斯坦民族意識」。薩依德本身並不同意有所謂的「巴勒斯坦人的離散」（The Palestinian Diaspora），因為巴勒斯坦人被刻意以政治、軍事暴力強迫離開家園過著難民生活，並不等同於歷史上猶太人（教徒）的宗教離散①。翻開史書，檢視巴勒斯坦地區的歷史，猶太人（教徒）是否有其正當權利從世界各地聚集到巴勒斯坦，而把阿拉伯人趕走，建立他們聖經中所描述的烏托邦國家（遠古的以色列、猶太國內亂分裂後被外來勢力所滅）？

以色列未建國之前的巴勒斯坦地區是和平的多元文化共處

二次大戰猶太人（教徒）被屠殺與巴勒斯坦的阿拉伯人一點關係也沒有。伊斯蘭歷史中的猶太人（教徒）並沒有受到穆斯林或阿拉伯人的大迫害，雖然他們必須繳交人頭稅（jizya）以換取宗教信仰的自由。而無可否認地，歷史上有不少猶太教徒改信伊斯蘭，並對伊斯蘭文明的發展有相當的貢獻。時至現代，亦有猶太教徒持續改宗伊斯蘭如Muhammad Asad者。德國納粹屠殺猶太教徒的帳絕對沒有道理由巴勒斯坦人來承擔。即使耶穌本身是猶太人，但耶穌基督在傳教當時卻是受到猶太人的迫害。基督教徒的納粹並沒有理由替耶穌基督向猶太教徒申冤報仇。薩依德的著作沒有從宗教的立場去探討、批判巴勒斯坦人的離散。他是對的，因為巴勒斯坦至今仍有三種宗教並存著，巴勒斯坦的民族意識是超越宗教的，巴勒斯坦問題是政治、人權、生命價值觀的爭執。以色列沒有建國以前，此地區不同信仰者皆使用阿拉伯語於其生活與宗教信仰儀式上。他們是和平共處，並無政治、經濟、民族上的衝突。薩依德的著作雖然是描繪巴勒斯坦人的生活，不論是在巴勒斯坦境內或境外，而其文字的確突顯出巴勒斯坦人絕對是西方霸權、殖民、帝國主義的犧牲品。巴勒斯坦人是否能夠建立擁有自己主權的國家，不僅得看他們自己的奮鬥，亦必須看西方列強，特別是美國、英國能否良心覺醒。或許巴勒斯坦人必須在西方各國社會中去建立他們在客居國的影響力，如同猶太教徒操控了美國的經濟、學術、政治影響力。

在異鄉未被公平對待

雖然在異鄉落地生根，巴勒斯坦人在異鄉的社群並沒有受到公平的待遇，即使那些難民已入籍為客居國的國民，就以美國地區的經驗而言，巴勒斯坦裔的美國人雖然在學術、專業領域、經濟方面都有很大的成就，但他們卻也面臨政治、移民政策、媒體的歧視。在美國的巴勒斯坦人本身有著相當深的疏離感，他們在美國大熔爐並沒有歸屬感。這種經驗事實上存在於大多數巴勒斯坦人的離散客居國家中，即使在台灣的巴勒斯坦人亦不會與其他在台灣的阿拉伯人融合。

今天的巴勒斯坦人正無辜地重蹈之前猶太人的離散痛苦經驗

猶太人從巴勒斯坦地區的離散乃是巴比倫人的入侵、羅馬人的佔領巴勒斯坦有關。如果巴勒斯坦是遠古猶太人（教徒）離散的根源，那麼現代的以色列則成為巴勒斯坦阿拉伯人的離散製造者。巴勒斯坦人被猶太「被放逐者」（the exiles）所放逐，而且「被放逐者」甚且轉換成迫害者，企圖將巴勒斯坦人連根帶拔地去除。這些新的被放逐者在過去五十幾年來已在放逐過程中形成了他們的民族主義；而以色列當局與錫安主義者正積極不擇手段地消除此新巴勒斯坦民族主義的發展。毫無疑問地，如今巴勒斯坦人正無辜地重蹈之前猶太人（教徒）的離散痛苦經驗。

總而言之，客居他國的巴勒斯坦人已建構出一股新的離散文化，他們也正積極地教育新的一代他們的民族歷史。巴勒斯坦人的回歸與建國是否指日可待，完全不得而知，因為中東地區後殖民、新帝國殖民主義的一些問題都尚未解決。解鈴須找繫鈴人。巴勒斯坦問題的解決，美國、英國絕對要負責任，巴勒斯坦周邊的阿拉伯國家亦脫離不了責任。而諾貝爾和平獎的頒發給以色列之迫害者、巴勒斯坦之出賣自己同胞者，無疑是一大諷刺，這對以巴衝突的解決是無濟於事的。透過西方偏頗的報導，致使大部分人誤認巴勒斯坦人為暴力分子，危害中東和平，以色列人成為受害者。②台灣民眾亦有類似的不正確認知，而同情以色列的暴力。讀了薩依德的書，國人應該對巴勒斯坦問題有更清楚、客觀的認知。

註釋

①以色列建國之前，在歷史上，猶太人（教徒）與阿拉伯人並無什麼仇恨糾葛。反而是歐洲的基督教徒曾經以暴力對付猶太教徒。十五世紀末天主教徒在伊比利（Iberia）半島所進行的Reconquesta（收復）運動不僅迫害伊斯蘭信仰者（穆斯林），更是將他們連同猶太教徒驅逐出境，或強迫改宗基督教信仰。猶太教徒也因而流離到歐洲各地。而日耳曼納粹的屠殺猶太教徒，亦與基督教信仰者有關。

②台北電影節曾放映一部以色列影片〈The Bubble〉（中文譯為「泡泡公寓四人行」）鮮為一般人注意到，因為它被當作是同志電影看待。而事實上，這部電影試圖突顯出以色列境內巴勒斯坦人受到以色列政府歧視，軍事暴力對待的無奈與無助。無辜、無助的巴勒斯坦人被迫只能以自殺炸彈殉難方式對抗之。

中文版導讀：本書背景說明之②

周世瑀／英國雪菲爾大學（Sheffield University）博士候選人

美帝與以色列恐怖主義對巴勒斯坦人的暴行

台灣政治學界及商業媒體常將中東問題簡化為「蠻橫」的阿拉伯國家屢次挑釁「忍辱求全」的以色列。此一論述和以色列的真實面貌大相逕庭。聯合國於一九四七年建議將百分之五十六的巴勒斯坦劃歸猶太人，百分之四十四的巴勒斯坦領土劃歸阿拉伯人。以色列學者帕斐（Ilan Pappe）於《種族淨化巴勒斯坦》（*the Ethnic Cleansing of Palestine*）一書指出，錫安主義者（Zionists）為兼併領土，於一九四八年立國之時，屠殺以色列境內的巴勒斯坦人。此難即阿拉伯語之浩劫（Nakba）。以色列經此一役強奪接近八成的巴勒斯坦領土。倖存的七十五萬巴勒斯坦人遂成難民，流離轉徙於中東各國。聯合國大會（General Assembly）於同年之一九四號決議案要求以色列承認巴勒斯坦難民及其後裔返回家園定居（the right of return）的權利。此外，以色列應對不願返回現今以色列（即一九四八年之前地理上的巴勒斯坦）的巴勒斯坦人負擔賠償責任。以色列對聯合國決議案全然置若罔聞。

從種族淨化到種族隔離

以色列為斷絕巴勒斯坦人建國之念，於一九六七年六日戰爭（**the Six-Day War**）兼併殘存二成的巴勒斯坦領土，即約旦河西岸、耶路撒冷東城、迦薩。同年聯合國安理會五個常任理事國含中華民國暨十個非常任理事國以十五票一致贊成通過二四二號決議。安理會重申聯合國憲章禁止戰爭奪取領土原則、爭端和平解決原則，責成以色列承認巴勒斯坦民族自決權利。提案同時要求以色列歸還於六日戰爭劫掠所獲地區含敘利亞的戈蘭高地（**the Golan Heights**），並徹離非法占據的巴勒斯坦領土。

以色列不但違返聯合國決議案，更於占領區廣設猶太人殖民地。一九八二年以色列入侵黎巴嫩後放任以色列傭兵，即黎巴嫩長槍黨（**Christian Phalange**），包圍以色列軍方管轄之巴勒斯坦難民營，並射殺三千多名手無寸鐵的巴勒斯坦平民，此即薩布拉夏提拉大屠殺（**the Sabra and Shatila Massacre**）。巴勒斯坦人椎心蝕骨。嗣後始以自殺炸彈報復。

一九九三年以巴雙方簽定奧斯陸協議（**the Oslo Accords**）後，以色列為永駐占領區，遂以一百三十五個殖民地及近七百個軍事檢查站棋布於約旦河西岸。一百三十五個殖民地皆為無償豪奪巴勒斯坦人房舍田地而來。七百個軍事檢查站再將巴勒斯坦村鎮所有聯外道路層層封鎖。巴勒斯坦人每日離村、就學、工作、訪友耗費四至八小時在檢查站前大排長龍，靜待以色列士兵搜身或羞辱已是司空見慣。分娩者因赴醫受阻，不得不於路旁生產。產婦因分娩異常、難產、產後出血、感染、衰竭或死亡者時有所聞。夜晚至清晨軍事檢查站全面封鎖，欲就醫而無門。

自公元二〇〇二年六月迄今，以色列在約旦河西岸占領區境內建構綿延七百二十一公里長的八公尺高牆。即阿拉伯人所謂的種族隔離牆（Apartheid Wall）。該建築的長度為以色列和約旦河西岸邊界長度的二倍。種族隔離牆連接星羅於約旦河西岸的一百三十五個以色列殖民地。該建築與殖民地不但鯨吞約旦河西岸近五成的土地，更將約旦河西岸村鎮支離成上百個互不接壤的「群島」，以色列殖民者，可於高牆內的猶太人專用公路直達地中海的台拉維夫（Tel Aviv）沿途未遇一阿拉伯人。種族隔離牆行經之處如同摧枯拉朽。巴勒斯坦人田地房舍皆遭以色列無償強占，無一倖免。

流氓國家視國際法如無物

二〇〇四年七月國際法院（the International Court of Justice），亦為全球位

階最高的國際法裁決機構，就以色列於約旦河西岸肆意擴張殖民地及興建種族隔離牆作成諮詢意見。國際法院以十四票贊成、一票反對（美國）重申禁止戰爭奪取領土原則，並裁定以色列必須返還於六日戰爭（the Six-Day War）侵掠而得的約旦河西岸、耶路撒冷東城及迦薩。以色列在約旦河西岸全數殖民地、已完成及持續擴張中的種族隔離牆、猶太人專用公路，皆違反國際法。國際法院明言，以色列必須拆毀種族隔離牆，全數放棄非法殖民地，並為非法擴展版圖，夷平巴勒斯坦房舍、豪奪田地、水源，負擔賠償責任。各國不得以殖民地、猶太人專用道路、種族隔離牆是既成事實為託詞，與以色列朋比。儘管國際法院判決事實俱在，以色列迄今仍訛稱美國出資，使柏林圍牆相形見絀之種族隔離鐵幕的合法性無庸置疑。

清廉素著的哈瑪斯（Hamas）是巴勒斯坦人於二〇〇六年一月經民主程序選出的政府。哈瑪斯在一百三十二席的立法會選舉囊括七十六席，巴勒斯坦解放組織（the Palestine Liberation Organization）僅得四十三席。哈瑪斯並取代巴解成為第一大黨。美國和以色列不甘傀儡政權巴解失勢。為阻止哈瑪斯執政，美以兩國串通沙烏地阿拉伯、埃及、約旦，大舉逮捕、暗殺哈瑪斯成員。巴解組織與哈瑪斯內鬨後，哈瑪斯棄約旦河西岸，南遷迦薩，即美國和以色列政府所謂的哈瑪斯「政變」。

以色列自二〇〇五年後雖未屯兵迦薩，仍舊掌控迦薩邊境、領海、領空、水電基礎設施。為威逼巴勒斯坦人對哈瑪斯反戈相向及迫使哈瑪斯彈盡糧絕，以色列自二〇〇六年一月起對迦薩境內一百五十萬人集體斷水、斷電。迦薩鄰海，然而以色列不容巴勒斯坦人捕魚為生。食物短缺造成迦薩百分之九十的兒童營養不良或貧血。迦薩醫院因缺電致使醫療設備如嬰兒保溫箱、洗腎儀器和加護病房停擺。衛生設備如化糞池亦無法運作。以色列並拒絕那些譴責該國殘民以逞的國際特赦組織、紅十字會人員入境。

儘管以色列咄咄逼人，合法政府哈瑪斯仍願以六日戰爭前的疆界為基礎，於尚未被以色列併吞的巴勒斯坦立國，即僅存二成的巴勒斯坦。由於甚得人心的哈瑪斯為建國善意盡出，以色列已無飾詞拒絕和談。以色列即於二〇〇八年十一月進入迦薩，尋釁殺害六名哈瑪斯成員。哈瑪斯因以色列惡意違反停火協議，亦中止停火協議。以色列遂於二〇〇八年十二月二十七日，假托哈瑪斯違反停火協議，發動迦薩屠殺。

從迦薩屠殺到種族滅絕

自二〇〇八年十二月二十七日起，為使迦薩人民膽戰心搖，以色列非法使用美國出售的化學武器白磷彈。白磷彈火苗高達攝氏八百一十六度。

火焰無法以滅火器或水撲滅。毒煙灼燒呼吸道及肺部。一旦火苗著身，猶如鈍刀慢剮，先燃膚、再熔血肉、後蝕骨，慘絕人寰。以色列在迦薩屠殺二十二天期間，夜以繼日以白磷彈攻擊醫院並對平民趕盡殺絕。

美國除白磷彈外，另售予以色列高密度惰性金屬炸藥（**dense inert metal explosives**）。該武器導致傷者下肢截肢。然而截肢狀況與尋常刀切斧砍或砲彈碎片造成的截肢全然不同。此一化學武器爆裂力道將人體下肢肌肉片片自骨骼扯裂再截肢。倖存者體內留存大量無法清除的化學殘餘物，另外引發肌肉組織病變或肌肉癌。

迦薩面積為三百六十平方公里，約為台北市與新竹市面積總和。以色列以三千架次的F16戰機，無日無夜空襲迦薩，約每小時五點六八架次，哈瑪斯的簡陋武器全無還擊之力。據以色列士兵形容，入侵迦薩如同「孩童持放大鏡燒螞蟻」，大可肆虐無忌。屠殺期間，迦薩五成以上的醫院遭以色列摧毀，殘存的醫院傷者如潮。由於以色列自二〇〇六年一月哈瑪斯勝選後，即對迦薩平民全面斷水斷電，空襲更使巴勒斯坦兒童、婦女、平民飢寒與傷病交迫。一百五十萬人因迦薩四面圍困、進退無路，又因時時顫慄飛彈或白磷彈從天而降、滅門絕戶，無不心膽俱裂。

一月十八日屠殺告終，以色列戰機悉數分毫無損。巴勒斯坦平民，死傷相藉。一千四百名巴勒斯坦死難者中，近一千二百人為平民，平民之中，三百四十人為兒童，一百一十人為婦女。傷者六千人，其中一千六百人為孩童。

屠殺過後，以色列持續封鎖迦薩邊境、領海、領空。各國人道救援物資及醫藥皆未能進入迦薩，遑論重建工程的原物料。迦薩電力系統幾近全毀。半數以上醫院及醫療儀器亦毀壞至不堪使用。巴勒斯坦平民急需手術救治者，只得申請許可證，赴以色列就醫。以色列情治單位屢屢以離境就醫機會利誘迦薩人為以色列臥底。拒絕同謀者，只能留在迦薩坐以待斃。生死攸關，決意損人利己，也是人之常情。然而近於全數的迦薩人毅然選擇與同胞和衷共濟，雖死無悔。

聯合國人權理事會責成南非國際法權威戈德史東（Richard Goldstone）調查以色列入侵迦薩的戰爭及違反人道罪行（Crimes against humanity）。猶太裔的戈德史東雖譴責哈瑪斯發射火箭為戰爭罪行，然而他亦坦言以色列自二〇〇六年一月起封鎖迦薩迄今，即屬國際法的戰爭行為。他明言，哈瑪斯從未藏身醫院、學校或聯合國難民收容所，亦從未使用救護車運送軍火，更遑論以巴勒斯坦平民為掩護或人肉盾牌。他言道：以色列蓄意攻擊十五所醫院，四十間診所，二十九輛救護車、二百八十所學校包含幼稚園、一萬一千間民宅、七百家私人企業含三百二十四間工廠，主要為食品廠和迦薩所有的水泥廠、燒燬聯合國近東巴勒斯坦難民救濟和工程處糧倉、毀耕地、耕作機具、電力系統、水利設施、民宅儲水設備、污水處理系統，戕害醫護人員、記者，並以平民做人肉盾牌，屢次加害舉白旗的平民，屠殺一百多萬隻雞，三萬六千頭山羊及綿羊，實屬戰爭罪行。戈德史東報告（the Goldstone Report）重申以色列窮凶極虐、荼酷備加，絕非自衛權利。他的結論與國際特赦組織及人權觀察（Human Rights Watch）分別發佈的諸多獨立調查報告一致。以色列對戰爭罪行之指控一概亂扣反猶太人（anti-Semitism）的帽子。

流氓國家以色列視人命如糞土及蔑視國際法的罪惡已非戰爭罪能概括。迦薩因以色列的封鎖，民生凋敝。屠殺之後，雪上再加霜。迦薩因污水處理系統遭破壞，地下水受嚴重污染，不堪飲用。飲水猶如慢性自殺。罹患肝腎疾病者日增。國際特赦組織指出，每人每天用水量至少為一百公升。以色列掌控巴勒斯坦領土的水源，並不容約旦河西岸的巴勒斯坦人鑿井或接雨水使用。由於虐政日益，不出十年，西岸所有的巴勒斯坦村鎮將無滴水可用。以色列現下雖按兵不舉，如此處心積慮的污染水源和截斷水源之舉實與種族滅絕無異。

歐巴馬政府與以色列為趕盡殺絕，於迦薩和埃及邊界立起長達十一公里的種族滅絕牆。該建築物為美軍設計、監造、施工。種族滅絕牆深入地下二十五至四十公尺，相當於地下八樓至十三樓，強化鋼材砲彈不侵，另附數以千計的防爆監視器，以阻絕巴勒斯坦人自迦薩和埃及邊界地下坑道運送食品及醫療物資。該牆可引海水灌入迦薩，破壞、截斷現存地下坑道，並鹽化迦薩土壤。建築物已幾近完工。慢性種族滅絕，已在眉睫。

以色列自立國迄今從未公告官方領土。為擴張版圖，煎膏炊骨，無所不用其極。美國每年以「援外」之名，助其為虐，六十年來已投入超過一千億美金鞏固其軍事占領。巴勒斯坦人民雖處境日益困厄，人性尊嚴不因逆境而減。相較之下，台灣政治學界和商業媒體若非睜眼說瞎話，設法替帝國主義開脫，則是裝聾作啞、不動聲色的將霸權種種滅絕人性的罪行自國際政治抽離。知識分子刻意混淆視聽、唯恐天下不亂，以及對言論自我審查的甘之如飴絕非台灣安全依賴美國可以解釋。若無反常人格，恐怕無法為之。金恩（Martin Luther King, Jr.）博士曾言道：「和平並非只是沒有戰爭，和平係指正義的到臨（the presence of justice）」。巴勒斯坦人民渴望和平如同大旱望雲霓。反觀台灣所謂的知識份子，真心追求和平嗎？

【內容簡介】

在這部傑出而動人的作品中，薩依德和攝影師摩爾檢視了，在今時今日，何謂巴勒斯坦人。報紙沒有一天不多少提到巴勒斯坦人，然而，縱使有那麼多關於他們的書寫，他們卻仍然幾乎是不為人知。或是被描繪為兇殘的恐怖分子，或是被描繪為可憐的難民，巴勒斯坦人成了這些意象的囚徒。

以摩爾拍攝的精彩照片為出發點，薩依德為自己的族人勾畫出一幅引人動容的肖像。他追溯了自以色列建國至貝魯特陷落以來，巴勒斯坦人是如何接二連三地喪家失產。不過，他也看出一種新的巴勒斯坦人身分認同正在形成，這種身分認同不是奠基於流離四散和受害意識，而是奠基於希望、堅持和覺醒中的共同體意識。

【作者簡介】

愛德華・薩依德（Edward W. Said）

當代最具影響力的文學與文化評論大師、後殖民思潮先驅、也是一位特立獨行的集大成人物。薩依德一九三五年出生於巴勒斯坦的耶路撒冷，一九五〇年代赴美國，取得哈佛大學博士，一九六三年起任教哥倫比亞大學英國文學與比較文學研究所，這位知名的巴裔美籍學者，也公認為是巴勒斯坦獨立運動在西方最雄辯的代言人。二〇〇三年九月二十四日因白血病逝世。

薩依德著作等身，尤以「中東三部曲」：《東方主義》（*Orientalism*）、《巴勒斯坦問題》（*The Question of Palestine*）、《遮蔽的伊斯蘭》（*Covering Islam*）開啟「東方學論述」場域，影響了整個西方對東方研究的思考與研究的方向。薩依德尚著有《世界・文本・批評者》（*The World, the Text, and the Critic*）、《文化與帝國主義》（*Culture and Imperialism*）以及他的回憶錄《鄉關何處》（*Out of Place*）等書。其作品已被譯為二十四國語言，並在歐洲、亞洲、非洲、澳洲等地區出版。在台灣出版的中文翻譯，大部分由立緒文化出版。

【攝影者簡介】

吉恩・摩爾（Jean Mohr）

國際知名自由攝影工作者，德裔瑞士人，一九四九年代表紅十字會到中東地區服務巴勒斯坦難民，之後經常性地赴以色列、約旦、黎巴嫩等地區關懷巴人之處境。與著名的作家、畫家、文評家約翰・伯格（John Berger）合著有《另一種影像敘事》（*Another Way of Telling*）和《幸運的男人》（*A Fortunate Man*）。

【譯者簡介】

梁永安

台灣大學文化人類學學士、哲學碩士，東海大學哲學博士班肄業。目前為專業翻譯者，共完成約近百本的譯著，在立緒文化出版的有《文化與抵抗》（*Culture and Resistance* / Edward W. Said）、《啟蒙運動》（*The Enlightenment* / Peter Gay）、《現代主義》（*Modernism : The Lure of Heresy* / Peter Gay）等。

國家圖書館出版品預行編目(CIP)資料

薩依德的流亡者之書：最後一片天空消失之後的巴勒斯坦/ 愛德華 · 薩依德(Edward W. Said); 吉恩 · 摩爾(Jean Mohr)攝影；梁永安譯 -- 二版 -- 新北市：立緒文化, 民111.09
面； 公分. --（新世紀叢書）
譯自： After the last sky : Palestinian lives
ISBN 978-986-360-196-8（平裝）

1.人文地理 2.照片集 3.巴勒斯坦

735.2 111013430

薩依德的流亡者之書：最後一片天空消失之後的巴勒斯坦（2022 年版）

After the last sky : Palestinian lives

出版——立緒文化事業有限公司（於中華民國 84 年元月由郝碧蓮、鍾惠民創辦）
作者——愛德華 · 薩依德（Edward W. Said）
攝影——吉恩 · 摩爾（Jean Mohr）
譯者——梁永安

發行人——郝碧蓮
顧問——鍾惠民

地址——新北市新店區中央六街 62 號 1 樓
電話—— (02) 2219-2173
傳真—— (02) 2219-4998
E-mail Address —— service@ncp.com.tw
劃撥帳號—— 1839142-0 號 立緒文化事業有限公司帳戶
行政院新聞局局版臺業字第 6426 號

總經銷——大和書報圖書股份有限公司
電話—— (02) 8990-2588
傳真—— (02) 2290-1658
地址——新北市新莊區五工五路 2 號
排版——伊甸社會福利基金會附設電腦排版
印刷——尖端數位印刷有限公司

法律顧問——敦旭法律事務所吳展旭律師

分類號碼—— 735.2
ISBN —— 978-986-360-196-8
出版日期——中華民國 99 年 5 月～ 105 年 9 月初版 一～二刷（1 ～ 3,500）
中華民國 111 年 9 月二版 一刷（1 ～ 800）

定價◎ 380 元（平裝）